VOCA 탄탄

4

완성

Happy House

이 책의 **구성과 특징**

● 각 레슨별로 20개의 단어를 학습합니다. 단어당 2개의 예문을 통해 단어의 의미와
용법을 보다 정확히 파악하고 빈칸에 직접 단어를 채워 써보며 익힙니다.

● MP3 파일을 다운로드 받거나
QR코드를 통해 각 단어와
예문을 원어민 음성으로
듣고 정확한 발음을 익힐 수
있습니다.

● 단어의 다른 품사와 유의어,
반의어 등을 통해 단어의
확장학습이 가능합니다.

● 해당 단어가 포함된 자주 쓰이는 표현이나 용법은
독해나 작문에도 도움이 됩니다.

● 20개의 단어를 학습한 후,
뜻을 가리고 빈 박스에
체크 표시하며 스스로 본인의
학습 상태를 확인해 봅니다.
체크하지 못한 단어는
다시 확인학습 합니다.

● 해당 레슨에서 배운 단어 및 유의어, 관련 표현들을 문제를 풀며 점검합니다.

Tests

총 3단계의 테스트(**Daily Test** → **Review** → **누적 테스트**)를 통한 체계적인 반복 학습으로 단어를 더욱 잘 기억할 수 있습니다.

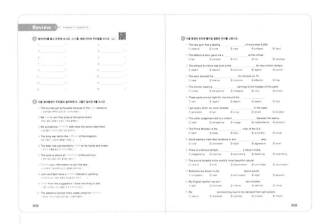

- **Daily Test (온라인 제공):** 각 레슨을 학습한 뒤, 각 단어의 예문을 활용한 Daily Test를 통해 20개의 단어 공부를 마칩니다.

  ✿ 무료 다운로드 www.ihappyhouse.co.kr

- **Review:** 5개의 레슨마다 제공되는 Review를 통해 100개의 단어를 다양한 유형의 문제로 확인학습 합니다.

- **누적 테스트:** 누적 테스트는 지금까지 배운 단어 200개, 300개, 400개, 500개, 600개를 총정리하는 것으로써 전체 학습을 마무리할 수 있습니다.

미니 단어장

본책에 나오는 모든 단어와 다른 품사, 유의어 및 반의어를 레슨별로 정리한 미니 단어장을 통해, 언제 어디서든 학습한 단어를 복습할 수 있습니다.

CONTENTS

001 aircraft
[έərkræ̀ft]

⊛ (비행기·헬리콥터 등의) 항공기

- Seen from an **aircraft** in flight, my city looks very small.
  운항 중인 항공기에서 보았을 때 우리 도시는 매우 작아 보인다.
- An　　　　　can transport us much faster than a ship.
  항공기는 배보다 훨씬 빨리 우리를 수송할 수 있다.

002 crawl
[krɔːl]

⊛ (엎드려) 기다, 몹시 느리게 가다

- The baby has just started to **crawl** on its hands and knees.
  그 아기는 무릎을 꿇고 막 기기 시작했다.
- As the hill got steeper, the old bus　　　ed along more slowly.
  언덕이 가팔라짐에 따라 낡은 버스는 더 느리게 올라갔다.

003 handicap
[hǽndikæ̀p]

⊛ 장애, 불리한 조건　⊛ 불리한 입장에 두다

- Not all blind people were born with that **handicap**.
  모든 시각 장애인이 장애를 가지고 태어나는 것은 아니다.
- No one should be　　　　　ped by gender.
  누구도 성별에 따라 차별 받아서는 안 된다.

004 quit
[kwit]
quit-quit-quit

⊛ 그만두다　　　　　　　　　　　　　　　　유 stop

- John **quit** his job to find what he really wants to do.
  John은 자신이 정말로 하고 싶은 것을 찾기 위해 일을 그만두었다.
  ✚ quit+동사원형-ing : ~을 그만두다
- Let's just　　　　　talking and continue the work.
  대화는 그만하고 일을 계속하자.

005 cape
[keip]

⊛ 망토, (바다 쪽으로 삐죽 나온) 곶

- The witch hid her magic cane in her **cape**.
  마녀는 망토에 자신의 요술 지팡이를 감췄다.
- The views from the　　　　　were fantastic.
  그 곶에서 보는 풍경은 환상적이었다.

006 affection
[əfékʃən]

⊛ 애정　　　　　　　　　　　　affectionate ⊛다정한

- The monkey took care of her sick baby with **affection**.
  그 원숭이는 몸이 아픈 새끼를 애정으로 돌봤다.
- The actor showed his　　　　　for his fans on TV.
  그 배우는 TV에 출연하여 자신의 팬들에 대한 애정을 보여 주었다.

007 harsh
[hɑːrʃ]

⊛ (날씨·생활환경 등이) 혹독한, 매우 비판적인/가혹한

- Penguins' feet are adapted to the **harsh** weather conditions.
  펭귄의 발은 혹독한 날씨 조건에 맞춰졌다.
- The singer sued a man for his　　　　　insults on SNS.
  그 가수는 SNS상에서 가혹한 모욕적인 말에 대해 한 남자를 고소했다.

008 central
[séntrəl]

(형) (지역·사물의) 중심인

- The shops in **central** London will be open late this Friday.
  런던 중심부에 있는 가게들은 이번 금요일에 늦게까지 문이 열려 있을 것이다.
- When is the best time to visit   America?
  중앙아메리카를 방문하는 가장 좋은 시기는 언제인가요?

---

009 fiber
[fáibər]

(명) 섬유, 섬유질

- Spiders produce silk that is stronger than any natural **fiber**.
  거미는 어떠한 천연 섬유보다 더 튼튼한 명주를 만들어낸다.
- Blueberries are high in   and low in calories.
  블루베리는 섬유질이 높고 칼로리가 낮다.

---

010 chaos
[kéiɑ̀s]

(명) 혼돈, 혼란   (유) disorder, confusion

- The First World War caused **chaos** on a worldwide scale.
  제1차 세계대전은 세계적인 규모로 혼돈을 초래했다.
- After the tornado, Oklahoma was in   .
  토네이도가 지나간 후 오클라호마는 혼란에 빠졌다.

---

011 instinct
[ínstiŋkt]

(명) 본능, 직감

- As you grow up, you should learn to control your **instincts**.
  너는 성장하면서 본능을 조절하는 법을 배워야 해.
- The detective solved many cases using his   s.
  그 형사는 자신의 직감에 따라 많은 사건을 해결했다.

---

012 shift
[ʃift]

(동) 이동하다   (명) (자세·방향 등의) 변화, 교대 근무   (유) move 이동하다

- Nomads **shift** from place to place to feed their livestock.
  유목민들은 가축을 먹이기 위해 여기저기 이동한다.
- The incident happened when I was on the night   .
  내가 야간 근무였을 때 그 사건이 발생했다.

---

013 definite
[défənit]

(형) 확실한, 분명한   definitely (부) 분명히   (반) indefinite 막연한

- I proposed and wanted a **definite** answer right away.
  나는 청혼을 했고 즉시 확답을 원했다.
- It is   that Sam will go to Australia.
  Sam이 호주에 갈 것이라는 것은 확실하다.

---

014 deposit
[dipázit]

(명) 보증금, 예금   (동) (특정한 곳에) 두다, 예금하다

- The hotel will return the **deposit** when you check out.
  호텔측은 당신이 호텔을 떠날 때 보증금을 돌려줄 것입니다.
- Sam always   s a part of his allowance in a bank.
  Sam은 항상 자신의 용돈의 일부를 은행에 예금한다.

---

015 extraordinary
[ikstrɔ́ːrdənèri]

(형) 일반적이지 않은/이례적인, 매우 뛰어난   (유) ordinary 보통의, 일상적인

- Tom got all As on his report card, which was **extraordinary**.
  Tom은 그의 성적표에서 전부 A를 받았는데, 그것은 이례적이었다.
- A genius usually has an   memory.
  천재는 보통 매우 뛰어난 기억력을 갖고 있다.

016 voyage
[vɔ́iidʒ]

명 (바다·우주를 통해 가는) 긴 여행

- The ship hit a storm in the middle of its **voyage** to Spain.
  그 배는 스페인으로 가는 항해 도중 폭풍을 만났다.
- We set out on a three-week _____ this morning.
  우리는 오늘 아침 3주간의 여행을 시작했다.

---

017 clash
[klæʃ]

명 (신체·의견 등의) 충돌   동 충돌하다

- The unfair judgement led to a violent **clash** between the teams.
  불공정한 판정이 그 팀 사이에 폭력적인 충돌로 이어졌다.
- Gandhi didn't _____ with Britain by force.
  간디는 영국과 무력으로 충돌하지 않았다.

---

018 circumstance
[sɔ́ːrkəmstæns]

명 (일에 영향을 미치는) 상황, 조건, 환경

- The man described all of the **circumstances** of the incident.
  그 남자는 그 사건의 전 상황을 설명했다.
  + under any circumstances: 어떤 상황에서도
- Don't tell the secret under any _____ s.
  어떤 상황에서도 그 비밀을 말해서는 안 돼.

---

019 enthusiastic
[inθjùːziǽstik]

형 열광적인, 열성적인   유 eager

- **Enthusiastic** K-pop fans are increasing worldwide.
  열광적인 K-pop 팬들이 세계적으로 증가하고 있다.
- Brazilians are known to be _____ about soccer.
  브라질 사람들은 축구에 대해 열성적이라고 알려져 있다.

---

020 obstacle
[ábstəkl]

명 장애물, 장애   유 hurdle

- You will jump over ten **obstacles** including a pool in the race.
  여러분은 그 경기에서 웅덩이를 포함한 10개의 장애물을 뛰어 넘을 것입니다.
- Laziness is one of the _____ s to success.
  게으름은 성공으로 가는 것을 막는 장애물 중 하나이다.

Check Up 정답 p.172

A 다음 영어단어의 우리말을 쓰시오.

1 affection		2 shift	
3 definite		4 fiber	
5 chaos		6 aircraft	
7 central		8 handicap	

B 다음 영어단어와 비슷한 의미를 가진 것을 보기 에서 찾아 쓰시오.

1 quit → _____

2 enthusiastic → _____

3 shift → _____

보기
move
eager
stop

C 우리말과 일치하도록 알맞은 영어단어를 써넣어 문장을 완성하시오.

1 The detective solved many cases using his _____s.
그 형사는 자신의 직감에 따라 많은 사건을 해결했다.

2 A genius usually has an _____ memory.
천재는 보통 매우 뛰어난 기억력을 갖고 있다.

3 The baby has just started to _____ on its hands and knees.
그 아기는 무릎을 꿇고 막 기기 시작했다.

4 Penguins' feet are adapted to the _____ weather conditions.
펭귄의 발은 혹독한 날씨 조건에 맞춰졌다.

5 The hotel will return the _____ when you check out.
호텔측은 당신이 호텔을 떠날 때 보증금을 돌려줄 것입니다.

6 The witch hid her magic cane in her _____.
마녀는 망토에 자신의 요술 지팡이를 감췄다.

7 The unfair judgement led to a violent _____ between the teams.
불공정한 판정이 그 팀 사이에 폭력적인 충돌로 이어졌다.

8 You will jump over ten _____s including a pool in the race.
여러분은 그 경기에서 웅덩이를 포함한 10개의 장애물을 뛰어 넘을 것입니다.

9 We set out on a three-week _____ this morning.
우리는 오늘 아침 3주간의 여행을 시작했다.

10 _____ K-pop fans are increasing worldwide.
열광적인 K-pop 팬들이 세계적으로 증가하고 있다.

D 밑줄 친 부분을 바르게 고쳐 문장을 다시 쓰시오.

1 Don't tell the secret for any circumstances.

→ _____

2 Let's just quit talk and continue the work.

→ _____

03

---

021 ash
[æʃ]

⟨명⟩ 재, 《pl.》 잿더미

- The big fire burned all the trees in the garden to **ashes**.
  큰 화재가 정원에 있는 모든 나무를 태워 잿더미로 만들었다.

➕ as pale as ashes: 창백한, 잿빛의

- The cold wind made my face as pale as _____es.
  차가운 바람이 내 얼굴을 창백하게 만들었다.

---

022 fee
[fiː]

⟨명⟩ 요금, 수수료   ⟨유⟩ fare (교통) 요금

- You don't have to pay the entrance **fee** to the museum.
  여러분들은 그 박물관 입장료를 낼 필요가 없습니다.

- The bank charges a _____ for each money transfer.
  그 은행은 송금할 때마다 수수료를 부과한다.

---

023 tight
[tait]

⟨형⟩ (옷 등이) 몸에 꽉 끼는, (줄 등이) 팽팽한, (여유가 없이) 빡빡한

- The rope was already **tight** when the tug of war started.
  줄다리기가 시작되었을 때 줄은 이미 팽팽했다.

- The tourists got exhausted because of the _____ schedule.
  그 관광객들은 빡빡한 일정으로 기진맥진해졌다.

---

024 rank
[ræŋk]

⟨명⟩ 지위, 계급   ⟨동⟩ 등급이나 순위를 매기다/차지하다

- Many people want to be friends with people of high **rank**.
  많은 사람들은 지위가 높은 사람들과 친분을 맺기를 원한다.

- The university was _____ed number one in the country.
  그 대학은 그 나라에서 1등으로 순위가 매겨졌다.

---

025 hip
[hip]

⟨명⟩ (골반부의) 허리, 엉덩이

- These pants are too tight for me around the **hips**.
  이 바지는 허리 쪽이 나에게 너무 꽉 낀다.

- I slipped on the snow and fell on my _____s.
  나는 눈 위에서 미끄러져 엉덩방아를 찧었다.

---

026 apparent
[əpǽrənt]

⟨형⟩ 명백한, 분명한   ⟨유⟩ obvious

- I was disappointed at John when he denied his **apparent** mistake.
  John이 자신의 명백한 실수를 인정하지 않았을 때 나는 그에게 실망했다.

➕ It is apparent that ~: ~한 것은 분명하다

- It was _____ from his face that he lied to me.
  그의 얼굴에서 그가 내게 거짓말을 했다는 것이 분명했다.

---

027 inject
[indʒékt]

⟨동⟩ 주입하다, 주사하다   injection ⟨명⟩ 주입, 주사

- Chemicals are **injected** into fruits to boost their growth.
  과일의 성장을 촉진시키기 위해 화학물질이 주입된다.

- All babies should be _____ed with proper vaccines.
  모든 아기들은 적절한 백신을 맞아야 한다.

---

028 contrast [kɔ́ntræst]

(동) 대조하다, 대조를 보이다   (명) 대조, 대비 [kántræst]   contrastive (형) 대조적인

- His fair skin **contrasts** with his black hair.
  그의 흰 피부는 검정 머리카락과 대조를 이룬다.

  ✚ in contrast : 반대로

- My dad likes sweet fruits. In _____, my mom likes sour ones.
  우리 아빠는 단 과일을 좋아하신다. 반대로 엄마는 신 것들을 좋아하신다.

---

029 independence [indipéndəns]

(명) 독립   independent (형) 독립적인   (반) dependence 의존, 의지

- Korea achieved full **independence** from Japan in 1945.
  한국은 1945년에 일본으로부터 완전한 독립을 이뤘다.

- Teenagers often want _____ from their parents.
  십대들은 종종 부모로부터 독립을 원한다.

---

030 chemistry [kémistri]

(명) 화학

- Try to understand **chemistry** formulas before memorizing them.
  화학 공식을 외우기 전에 그것들을 이해하려고 노력하세요.

- John majored in _____ and now works for a perfume company.
  John은 화학을 전공했고 지금은 향수 회사에서 일한다.

---

031 interact [intərǽkt]

(동) 교류하다, 상호작용하다   interaction (명) 상호작용

- We learn to live together by **interacting** with each other.
  우리는 서로 교류하면서 함께 사는 법을 배운다.

- Warm and cold air currents _____ to produce a storm.
  따뜻하고 차가운 공기 흐름이 상호작용하여 폭풍을 만들어낸다.

---

032 smash [smæʃ]

(동) 박살내다   (명) 강타

- I **smashed** the window to get out of the house on fire.
  나는 불이 난 집에서 나가려고 창문을 부쉈다.

- The boy killed five flies with one _____.
  그 남자아이는 한 방에 다섯 마리의 파리를 잡았다.

---

033 colleague [káli:g]

(명) (직장) 동료   (유) co-worker

- My **colleagues** are very cooperative and friendly.
  나의 동료들은 매우 협조적이고 상냥하다.

- My _____ Mr. Darcy will explain more about the work.
  제 동료 Darcy 씨가 그 일에 대해 좀 더 설명할 것입니다.

---

034 capacity [kəpǽsəti]

(명) 용량/수용력, 능력

- The new gym has a seating **capacity** of more than 5,000.
  그 새 체육관은 5,000석 이상의 수용력이 있다.

- Read many books to develop your intellectual _____.
  지적 능력을 키우려면 많은 책을 읽으세요.

---

035 flourish [flə́:riʃ]

(동) 번창하다, 잘 자라다

- Many cities in Italy **flourished** in the Renaissance period.
  이탈리아의 많은 도시들은 르네상스 시기에 번창했다.

- In spring, wild flowers and grass _____ on the hill.
  봄에는 야생화와 풀들이 언덕에 무성하다.

036 circulate
[sə́:rkjəlèit]

동 순환하다, (소문·정보 등이) 퍼지다   circulation 명 순환

- Your blood **circulates** through blood vessels all over your body.
  피는 혈관을 통해 몸 전체로 순환한다.
- Bad news _____ s faster than good news.
  나쁜 소식은 좋은 소식보다 더 빨리 퍼진다.

037 reside
[rizáid]

동 (특정한 곳에) 거주하다, 존재하다   resident 명 거주민   residence 명 거주지

- About 80% of U.S. citizens **reside** in urban areas.
  약 80%의 미국 시민이 도시 지역에 거주한다.
- True beauty _____ s in the heart, but not in the face.
  진정한 아름다움은 얼굴이 아니라 마음에 존재한다.

038 coincide
[kòuinsáid]

동 동시에 발생하다, 일치하다   coincidence 명 우연의 일치

✛ coincide with ~ : ~와 같은 시기이다, ~와 일치하다

- My trip to Jeju island **coincided** with a strong storm there.
  나의 제주도 여행은 그곳에서 발생한 강한 태풍과 같은 시기였다.
- My symptoms _____ with what the doctor described.
  내 증상들은 그 의사가 말한 것과 일치한다.

039 evolution
[èvəlú:ʃən]

명 진화, (점진적인) 발전   evolve 동 진화하다

- At first, almost all people denied Darwin's theory of **evolution**.
  처음에는 거의 모든 사람들이 다윈의 진화론을 부정했다.
- Most elderly people prefer _____ to revolution.
  대부분의 노인들은 혁명보다는 점진적인 발전을 선호한다.

040 optimistic
[àptəmístik]

형 낙관하는, 희망적인   optimism 명 낙관주의   유 positive   반 pessimistic 비관적인

- The patient had an **optimistic** view of the result of her surgery.
  그 환자는 자신의 수술 결과에 대해 낙관적인 생각을 갖고 있었다.

✛ optimistic about ~ : ~에 대해 희망적인

- Jin is always _____ about her future.
  Jin은 자신의 미래에 대해 항상 희망적이다.

Check Up   정답 p.172

Ⓐ 다음 영어단어의 우리말을 쓰시오.

1 interact   _____   2 independence   _____

3 ash   _____   4 circulate   _____

5 chemistry   _____   6 evolution   _____

7 flourish   _____   8 colleague   _____

B 다음 영어단어와 비슷한 의미를 가진 것을 보기 에서 찾아 쓰시오.

1 apparent → _____

2 optimistic → _____

3 colleague → _____

> 보기 **co-worker**
> **positive**
> **obvious**

C 우리말과 일치하도록 알맞은 영어단어를 써넣어 문장을 완성하시오.

1 I slipped on the snow and fell on my _____ s.
나는 눈 위에서 미끄러져 엉덩방아를 찧었다.

2 The boy killed five flies with one _____.
그 남자아이는 한 방에 다섯 마리의 파리를 잡았다.

3 Chemicals are _____ ed into fruits to boost their growth.
과일의 성장을 촉진시키기 위해 화학물질이 주입된다.

4 Many people want to be friends with people of high _____.
많은 사람들은 지위가 높은 사람들과 친분을 맺기를 원한다.

5 About 80% of U.S citizens _____ in urban areas.
약 80%의 미국 시민이 도시 지역에 거주한다.

6 You don't have to pay the entrance _____ to the museum.
여러분들은 그 박물관 입장료를 낼 필요가 없습니다.

7 The new gym has a seating _____ of more than 5,000.
그 새 체육관은 5,000석 이상의 수용력이 있다.

8 The patient had an _____ view of the result of her surgery.
그 환자는 자신의 수술 결과에 대해 낙관적인 생각을 갖고 있었다.

9 The rope was already _____ when the tug of war started.
줄다리기가 시작되었을 때 줄은 이미 팽팽했다.

10 It was _____ from his face that he lied to me.
그의 얼굴에서 그가 내게 거짓말을 했다는 것이 분명했다.

D 밑줄 친 부분을 바르게 고쳐 문장을 다시 쓰시오.

1 My dad likes sweet fruits. On contrast, my mom likes sour ones.

→ _____

2 My symptoms coincide to what the doctor described.

→ _____

041 assist
[əsíst]

⑤ 돕다, 보조하다

assistant ⑲ 조수, 보조원 ㈜ help

• I want to make robots that **assist** blind people.
나는 시각 장애인을 보조하는 로봇을 만들고 싶다.

• The organization _____s foreigners that settle down here.
그 기구는 외국인들이 이곳에 정착하는 것을 돕는다.

042 cruel
[krú(:)əl]

⑱ 잔인한, 매정한

cruelty ⑲ 잔인함

• In my opinion, hunting animals for fun is **cruel**.
내 생각에는 재미를 위해 동물을 사냥하는 것은 잔인하다.

• The stepmother was _____ to the princess.
계모는 공주에게 매정했다.

043 hut
[hʌt]

⑲ 오두막

㈜ cabin

• Spending Christmas in a wooden **hut** is our annual event.
크리스마스를 통나무 오두막집에서 보내는 것은 우리의 연례 행사이다.

• We rented a nice beach _____ for the summer holiday.
우리는 여름 휴가를 위해 멋진 해변 막사를 빌렸다.

044 refrigerator
[rifrídʒərèitər]

⑲ 냉장고

㈜ fridge

• Put the bread dough in the **refrigerator** overnight.
그 빵 반죽을 냉장고에 하룻밤 동안 넣어 두세요.

• To keep the food cool, don't open the _____ too often.
음식을 시원하게 유지하려면 냉장고를 너무 자주 열지 마세요.

045 steep
[sti:p]

⑱ 비탈진, 가파른

• We encountered **steep** hills often while backpacking in Scotland.
스코틀랜드에서 배낭여행을 하는 동안 우리는 비탈진 언덕을 자주 마주쳤다.

• Just looking at the _____ cliff made me feel dizzy.
단지 가파른 절벽을 보는 것만으로도 나는 현기증이 났다.

046 aside
[əsáid]

⑭ 한쪽으로

• Do you mind if I pull the curtain **aside** for a while?
잠시 커튼을 한쪽으로 당겨 놔도 될까요?

＋ aside from ~: ~이외에

• _____ from the suggestion, I have one thing to add.
그 제안 이외에도 나는 덧붙일 게 한 가지가 더 있다.

047 latter
[lǽtər]

⑲ (둘 중에서) 후자 ⑱ (둘 중에서) 후자의

㈝ former 전자(의)

• Out of the two suggestions, the **latter** fits our situation.
두 가지 제안 중에 후자가 우리의 상황에 적합하다.

• My team scored a goal in the _____ half of the game.
우리 팀은 경기의 후반부에 한 골을 넣었다.

048 **crush**
[krʌʃ]

(동) 으깨다, 꿈이나 희망을 잃게 하다

- My mom uses the flat side of a knife when she **crushes** garlic.
  우리 엄마는 마늘을 으깰 때 칼의 평평한 쪽을 사용하신다.
- My parents _____ed my dreams of being a singer.
  우리 부모님은 가수가 되고자 하는 나의 꿈을 꺾으셨다.

---

049 **outcome**
[áutkʌ̀m]

(명) 결과, 성과 　　　　　　　　　　　　　　　　　　 (유) result

- The scientist was satisfied with the **outcome** of his experiment.
  그 과학자는 자신의 실험 결과에 대해 만족했다.
- Your hard work led to the successful _____.
  네가 열심히 일해서 성공적인 결과를 이끌어냈다.

---

050 **colony**
[kálə ni]

(명) 식민지, (출신지가 같은 사람들의) 집단 거주지

- Hong Kong was the last British **colony** in Asia.
  홍콩은 아시아에서 마지막 영국 식민지였다.
- We call a Korean _____ in other countries Koreatown.
  우리는 다른 나라에 있는 한국인 집단 거주 지역을 코리아타운이라고 부른다.

---

051 **interval**
[íntərvəl]

(명) (시간) 간격

- The bus to my school comes at ten-minute **intervals**.
  우리 학교로 가는 버스는 10분 간격으로 온다.
- The factory produces new cars at thirty-minute _____s.
  그 공장은 30분 간격으로 새 차를 만들어낸다.

---

052 **thrill**
[θril]

(명) 전율, 섬뜩 　(동) 섬뜩하게 하다 　　thrilled (형) 섬뜩해진 　thrilling (형) 섬뜩하게 하는

- The detective story gave me a **thrill** at the climax.
  그 탐정 소설은 클라이맥스에서 나에게 전율을 느끼게 했다.
- The audience was _____ed by the new special effects.
  청중들은 새로운 특수효과로 인해 전율을 느꼈다.

---

053 **committee**
[kəmíti]

(명) 위원회

- Most of the policies were decided at the **committee** meeting.
  대부분의 정책은 위원회 회의에서 정해졌다.
- The Olympic _____ decided to skip the event this year.
  올림픽 위원회는 올해 그 행사를 생략하기로 결정했다.

---

054 **aggressive**
[əgrésiv]

(형) 공격적인

- Some dogs are **aggressive** to those who fear them.
  몇몇 개들은 그들을 두려워하는 사람들에게 공격적이다.
- Tom started shouting and got _____ towards his friends.
  Tom은 소리를 지르기 시작하며 친구들에게 공격적으로 대했다.

---

055 **generate**
[dʒénərèit]

(동) 발생시키다, 만들어내다 　　(명) generation 생성 　(유) produce 만들어내다

- This power plant **generates** electricity from solid waste.
  이 발전소는 고체 폐기물로부터 전기를 발생시킨다.
- Internet searching is one of the ways to _____ good ideas.
  인터넷 검색은 좋은 아이디어를 만들어내는 방법 중 하나이다.

056 cling

[kliŋ]

cling-clung-clung

(동) 꼭 붙잡다/매달리다, 달라붙다

(유) stick 달라붙다

- The cliff climbers **clinging** to a rope shouted for help.

  줄 하나에 매달려 있는 암벽 등반가들이 도와 달라고 외쳤다.

- While I was taking a walk, a bug _____ to my shirt.

  산책하고 있을 때, 벌레 한 마리가 내 셔츠에 달라붙었다.

---

057 resort

[rizɔ́ːrt]

(명) 휴양지, 리조트

- Pet **resorts** are booming due to the demand from pet owners.

  반려동물 휴양지는 반려동물 주인들의 수요로 인해 호황을 누리고 있다.

- The holiday _____ is crowded all year round.

  그 휴가지는 일년 내내 붐빈다.

---

058 collaborate

[kəlǽbərèit]

(동) 협력하다, 협동하다

- We **collaborated** to win first prize at the sports event.

  우리는 체육 대회에서 우승하기 위해 협력했다.

- Many schools _____d on the youth exchange program.

  많은 학교들이 청소년 교류 프로그램에 협력했다.

---

059 identical

[aidéntikəl]

(형) 매우 비슷한, 똑같은

- My English teacher has an **identical** twin brother.

  우리 영어 선생님은 일란성 쌍둥이 남동생이 있다.

- No two people can have _____ fingerprints.

  두 사람이 동일한 지문을 갖고 있을 수는 없다.

---

060 commit

[kəmít]

(동) (범죄 등을) 저지르다, 전념하다

- The man was so hungry that he **committed** a crime.

  그 남자는 너무 배가 고파서 범죄를 저질렀다.

  ✛ commit oneself to ~: ~에 전념하다, ~에 몸을 맡기다

- I _____ted myself to my goal until my dream came true.

  나는 내 꿈이 이뤄질 때까지 목표에 전념했다.

Check Up 정답 p.172

(A) 다음 영어단어의 우리말을 쓰시오.

1 refrigerator _____   2 latter _____

3 interval _____   4 collaborate _____

5 generate _____   6 outcome _____

7 committee _____   8 cling _____

B 다음 영어단어와 비슷한 의미를 가진 것을 보기 에서 찾아 쓰시오.

1 outcome → _____

2 cling → _____

3 hut → _____

보기   stick
result
cabin

C 우리말과 일치하도록 알맞은 영어단어를 써넣어 문장을 완성하시오.

1 Hong Kong was the last British _____ in Asia.
홍콩은 아시아에서 마지막 영국 <u>식민지</u>였다.

2 I want to make robots that _____ blind people.
나는 시각 장애인을 <u>보조하는</u> 로봇을 만들고 싶다.

3 Some dogs are _____ to those who fear them.
몇몇 개들은 그들을 두려워하는 사람들에게 <u>공격적</u>이다.

4 The stepmother was _____ to the princess.
계모는 공주에게 <u>매정했다</u>.

5 The holiday _____ is crowded all year round.
그 <u>휴가지</u>는 일년 내내 붐빈다.

6 My parents _____ed my dreams of being a singer.
우리 부모님은 가수가 되고자 하는 나의 꿈을 <u>꺾어버렸다</u>.

7 The audience was _____ed by the new special effects.
청중들은 새로운 특수효과로 인해 <u>전율을 느꼈다</u>.

8 Spending Christmas in a wooden _____ is our annual event.
크리스마스를 통나무 <u>오두막집</u>에서 보내는 것은 우리의 연례 행사이다.

9 Just looking at the _____ cliff made me feel dizzy.
단지 <u>가파른</u> 절벽을 보는 것만으로도 나는 현기증이 났다.

10 No two people can have _____ fingerprints.
두 사람이 <u>동일한</u> 지문을 갖고 있을 수는 없다.

D 밑줄 친 부분을 바르게 고쳐 문장을 다시 쓰시오.

1 <u>Aside for</u> the suggestion, I have one thing to add.

→ _____

2 I <u>committed myself of</u> my goal until my dream came true.

→ _____

05

061 **auction**
[ɔ́ːkʃən]

명 경매 동 경매하다

- The antique furniture was sold at the **auction** for two million dollars.
  그 고가구는 경매에서 2백만 달러에 팔렸다.
- The donated paintings will be   ed for charity.
  기증된 그림들은 자선 기금을 위해 경매에 부쳐질 것이다.

062 **cruise**
[kruːz]

명 유람선 여행 동 유람선을 타고 다니다

- We are going to take a **cruise** ship to Singapore next month.
  우리는 다음 달에 싱가포르로 유람선 여행을 할 것이다.
- The tourists   d down the river on a dragon boat.
  그 여행객들은 드래곤 보트를 타고 그 강을 따라 유람했다.

063 **infant**
[ínfənt]

명 유아, 젖먹이 형 유아용의

- The vaccine injection is free for **infants** under 24 months old.
  그 백신 주사는 24개월 미만의 유아에게 무료이다.
- This store specializes in   food and clothes.
  이 가게는 유아용 식품과 의류를 전문적으로 취급한다.

064 **renew**
[rinjúː]

동 갱신하다, 다시 시작하다   renewal 명 갱신

- You have to **renew** your driver's license every ten years.
  당신은 10년마다 운전면허를 갱신해야 합니다.
- After a break, the two men   ed the argument.
  잠시 쉬고 나서 그 두 남자는 다시 논쟁을 시작했다.

065 **trace**
[treis]

동 추적하다 명 흔적, 자취

- The detective asked me for help to **trace** the suspect.
  그 형사는 그 용의자를 추적하기 위해 나에게 도움을 요청했다.
- The hunters trained dogs to find the   s of animals.
  그 사냥꾼들은 동물의 흔적을 찾기 위해 개를 훈련시켰다.

066 **aspect**
[ǽspekt]

명 (상황·계획 등의) 한 부분, 측면

- The book is about all **aspects** of life and love.
  그 책은 삶과 사랑의 모든 측면을 다룬다.
- Many people enjoy the competitive   of sports.
  많은 사람들이 스포츠의 경쟁적인 측면을 즐긴다.

067 **loyal**
[lɔ́iəl]

형 충실한, 충성스러운   loyalty 명 충성 유 faithful

- Sam has always been a **loyal** friend of mine.
  Sam은 항상 나의 의리 있는 친구이다.
- ＋ loyal to ~: ~에 충성스러운
- The knight remained   to King Arthur until he died.
  그 기사는 죽을 때까지 아서 왕에게 충성스러웠다.

068 **legend** [lédʒənd]

형 전설, 전설적인 인물   legendary 형 전설적인

- There are many **legends** related to animals and trees in Korea.
  한국에는 동물과 나무에 관련된 전설이 많다.
- Roger Federer is already a living tennis _____.
  Roger Federer는 이미 살아있는 테니스의 전설이다.

---

069 **virtual** [vɔ́ːrtʃuəl]

형 가상의, 사실상의   반 real 사실의

- You can live a **virtual** life as a royal family member with this app.
  여러분은 이 앱에서 왕족으로서 가상의 삶을 살 수 있습니다.
- The Prime Minister is the _____ ruler of the U.K.
  수상이 영국의 실질적인 통치자이다.

---

070 **perceive** [pərsíːv]

동 알아차리다, 감지하다   perception 명 인지

- Dogs can hear high-pitched sounds that we can't **perceive**.
  개들은 우리가 감지할 수 없는 고음의 소리를 들을 수 있다.
- Far away planets cannot be _____d by the naked eyes.
  멀리 떨어진 행성들은 육안으로 볼 수 없다.

---

071 **irony** [áiərəni]

명 모순, 반어법   ironic 형 모순적인

- The man left the woman because he loved her. What an **irony**!
  그 남자는 그 여자를 사랑해서 떠났다. 정말 모순이군!
- _____ is a commonly used literary technique.
  반어법은 흔히 사용되는 문학적 테크닉이다.

---

072 **steady** [stédi]

형 안정된, 꾸준한

- The man was taken to the ER, and his breathing got **steady**.
  그 남자는 응급실로 실려갔고 그의 호흡은 안정되었다.
- The new company is showing slow but _____ growth.
  그 새 회사는 느리지만 꾸준한 성장을 보이고 있다.

---

073 **acquire** [əkwáiər]

동 얻다, 획득하다   acquirement 명 획득   유 obtain

- The restaurant **acquired** a reputation for outstanding service.
  그 식당은 뛰어난 서비스로 평판을 얻었다.
- I recently _____d the skill to use the coffee machine.
  나는 최근에 커피 머신을 사용하는 기술을 익혔다.

---

074 **shrink** [ʃriŋk]
shrink-shrank-shrunk

동 (옷·규모 등이) 줄어들다

- I got angry when my wool sweater **shrank** in the wash.
  나의 울 스웨터가 세탁으로 줄어들자 나는 화가 났다.
- My village is _____ing because people are moving out.
  사람들이 떠나면서 우리 마을은 작아지고 있다.

---

075 **otherwise** [ʌ́ðərwàiz]

부 그렇지 않으면

- Shut the door, **otherwise** the people outside will hear us.
  문을 닫아. 그렇지 않으면 밖에 있는 사람들이 우리 이야기를 들을 거야.
- Try your best now, _____ you will regret it later.
  지금 최선을 다해. 그렇지 않으면 너는 나중에 후회할 거야.

076 collapse
[kəlǽps]
(동) 무너지다, 붕괴되다   (명) 붕괴
- The earthquake caused the old buildings in the city to **collapse**.
  그 지진은 도시의 오래된 건물들을 붕괴시켰다.
- The long war led to the _____ of the kingdom.
  오랜 전쟁이 그 왕국의 멸망을 가져왔다.

077 competent
[kámpitənt]
(형) 능력이 있는   (반) incompetent 무능한   (유) capable
✚ be competent to+동사원형: ~할 능력이 있다
- The president is young but **competent** to lead the company.
  그 사장은 젊지만 회사를 이끌 만한 능력이 있다.
- Many _____ women have influenced our society.
  많은 유능한 여성들이 우리 사회에 영향을 미쳐왔다.

078 commission
[kəmíʃən]
(명) 위원회, 수수료
- The special **commission** will reform the education system.
  그 특별 위원회가 교육 제도를 개혁할 것이다.
- The salesperson gets a _____ for each sale.
  그 판매원은 판매할 때마다 수수료를 받는다.

079 exaggerate
[igzǽdʒərèit]
(동) 과장하다   exaggeration (명) 과장
- The effects of the medicine were **exaggerated** in the ad.
  그 약의 효과는 광고에서 과장되었다.
- Tom _____ s his Busan accent to make us laugh.
  Tom은 우리를 웃기려고 부산 사투리를 과장해서 말한다.

080 perspective
[pərspéktiv]
(명) 관점, 시각
- From my **perspective**, the new afterschool program is effective.
  내 관점에서 보면 새 방과 후 학교 프로그램은 효과적이다.
✚ perspective on ~: ~에 대한 관점/시각
- Everybody has a different _____ on life.
  모든 사람은 삶에 대해 다른 시각을 갖고 있다.

Check Up 정답 p.172

Ⓐ 다음 영어단어의 우리말을 쓰시오.

1 shrink	_____	2 renew	_____
3 acquire	_____	4 otherwise	_____
5 commission	_____	6 auction	_____
7 virtual	_____	8 exaggerate	_____

B 다음 영어단어와 비슷한 의미를 가진 것을 보기 에서 찾아 쓰시오.

1 acquire → _____

2 loyal → _____

3 competent → _____

보기 capable
      obtain
      faithful

C 우리말과 일치하도록 알맞은 영어단어를 써넣어 문장을 완성하시오.

1 We are going to take a _____ ship to Singapore next month.
우리는 다음 달에 싱가포르로 <u>유람선 여행</u>을 할 것이다.

2 The man left the woman because he loved her. What an _____!
그 남자는 그 여자를 사랑해서 떠났다. 정말 <u>모순</u>이군!

3 Roger Federer is already a living tennis _____.
Roger Federer는 이미 살아있는 테니스의 <u>전설</u>이다.

4 The earthquake caused the old buildings in the city to _____.
그 지진은 도시의 오래된 건물들을 <u>붕괴시켰다</u>.

5 This store specializes in _____ food and clothes.
이 가게는 <u>유아용</u> 식품과 의류를 전문적으로 취급한다.

6 The book is about all _____s of life and love.
그 책은 삶과 사랑의 모든 <u>측면</u>을 다룬다.

7 Dogs can hear high-pitched sounds that we can't _____.
개들은 우리가 <u>감지</u>할 수 없는 고음의 소리를 들을 수 있다.

8 The knight remained _____ to King Arthur until he died.
그 기사는 죽을 때까지 아서 왕에게 <u>충성스러웠다</u>.

9 The man was taken to the ER, and his breathing got _____.
그 남자는 응급실로 실려갔고 그의 호흡은 <u>안정</u>되었다.

10 The hunters trained dogs to find the _____s of animals.
그 사냥꾼들은 동물의 <u>흔적</u>을 찾기 위해 개를 훈련시켰다.

D 밑줄 친 부분을 바르게 고쳐 문장을 다시 쓰시오.

1 Everybody has a different <u>perspective to</u> life.

→ _____

2 The president is young but <u>competent to leading</u> the company.

→ _____

081 **automatic**
[ɔ̀:təmǽtik]

형 자동의

- The airport is full of **automatic** devices like a moving walkway.
  그 공항은 무빙워크와 같은 자동 기기가 가득하다.
- _____ doors can be dangerous if not well controlled.
  자동문은 잘 제어되지 않으면 위험할 수 있다.

082 **crystal**
[krístəl]

명 수정, 결정체

- The woman wearing **crystal** earrings is the hostess of this party.
  수정 귀걸이를 한 여자가 이 파티의 안주인이다.
- Falling ice _____s join to create snowflakes.
  떨어지는 얼음 결정체들이 합쳐져 눈꽃송이를 만든다.

083 **input**
[ínpùt]

명 투입, 입력   동 (정보를) 입력하다   반 output 출력

- A powerful **input** of energy is required to start the machine.
  그 기계를 작동시키려면 강력한 에너지 투입이 필요하다.
- _____ your information to join this site.
  이 사이트에 가입하려면 당신의 정보를 입력하세요.

084 **detach**
[ditǽtʃ]

동 분리하다   detachment 명분리   반 attach

+ detach A from B: A를 B에서 떼어내다

- **Detach** the address label from the box before you throw it away.
  그 상자를 버리기 전에 상자에서 주소 표를 떼어내세요.
- The lid is easily _____ed from the body of the pot.
  그 뚜껑은 주전자 몸통에서 쉽게 분리된다.

085 **slight**
[slait]

형 약간의, 사소한   slightly 부약간

- A **slight** change of hairstyle can make you look very stylish.
  머리 모양의 약간의 변화가 당신을 무척 세련되어 보이게 할 수 있다.
- A _____ argument can lead to a big fight.
  사소한 언쟁이 큰 싸움으로 이어질 수도 있다.

086 **capable**
[kéipəbl]

형 ~을 할 수 있는, 유능한   capability 명능력   반 competent 능력이 있는

+ be capable of ~: ~을 할 수 있다

- Moms are **capable** of risking themselves for their baby.
  엄마는 자신의 아기를 위해서 위험을 감수할 수 있다.
- Mr. Darcy is trustworthy as a _____ leader.
  Darcy 씨는 유능한 지도자로 신뢰할 만하다.

087 **likely**
[láikli]

형 ~할 것 같은

+ be likely to+동사원형: ~할 것 같다

- The kids who are much loved are **likely** to know how to love.
  사랑을 많이 받은 아이들이 사랑하는 법을 아는 것 같다.
- It is _____ to rain or snow this afternoon.
  오늘 오후에 비나 눈이 내릴 것 같다.

088 dictate
[díkteit]

(동) 받아쓰게 하다, 명령하다   dictation (명) 받아쓰기, 명령

- The English teacher **dictates** English stories to us.
  그 영어 선생님은 우리에게 영어 이야기를 받아쓰게 하신다.
- Kings had the right to _____ to their subjects.
  왕들은 자신의 신하들에게 명령할 권리가 있었다.

089 protein
[próuti:n]

(명) 단백질

- **Protein** is used to build and repair body tissues.
  단백질은 몸의 조직을 만들고 복구하기 위해 사용된다.
- Some people eat insects to take in _____ .
  단백질을 섭취하기 위해 곤충을 먹는 사람들도 있다.

090 consistent
[kənsístənt]

(형) 일관된, 한결같은   consistency (명) 일관성

- Good teachers treat their students in a **consistent** way.
  좋은 교사들은 학생들을 일관성 있게 대한다.
- We need to be _____ in our education policies.
  우리는 교육 정책에 있어 일관될 필요가 있다.

091 label
[léibəl]

(명) (물건의 정보를 적은) 표, 상표   (동) 상표를 붙이다

- The **label** on your clothes tells you how to wash them.
  네 옷에 있는 표는 그것을 세탁하는 법을 알려준다.
- I got a parcel _____ led as 'FRAGILE.'
  나는 '깨지기 쉬움'이라는 표가 붙은 소포를 받았다.

092 submit
[səbmít]

(동) 제출하다   (유) hand in, turn in

- Everyone should **submit** the homework by this Friday.
  모두 이번 주 금요일까지 숙제를 제출해야 한다.
- You can _____ your ideas about school policies online.
  학교 정책에 대한 여러분들의 아이디어를 온라인으로 제출해도 됩니다.

093 astonish
[əstániʃ]

(동) 깜짝 놀라게 하다   astonishment (명) 놀람   (유) surprise

- The actor **astonished** his fans with his wedding announcement.
  그 배우는 결혼 발표로 팬들을 놀라게 했다.
  + be astonished at ~: ~에 깜짝 놀라다
- I was _____ ed at the weight I gained in ten days.
  나는 열흘 동안 늘어난 몸무게에 깜짝 놀랐다.

094 resemble
[rizémbl]

(동) 닮다, 비슷하다   (유) look like

- There is a famous temple **resembling** a lotus in India.
  인도에는 연꽃을 닮은 유명한 절이 하나 있다.
- Some people who _____ celebrities are on this TV show.
  이 TV 프로그램에는 유명인을 닮은 사람들이 출연한다.

095 mutual
[mjú:tʃuəl]

(형) 서로의/상호간의, 공동의/공통의

- Every relationship is based on **mutual** understanding.
  모든 관계는 서로의 이해심을 기반으로 한다.
- John and Sam have a _____ interest in painting.
  John과 Sam은 그림에 공통의 관심을 갖고 있다.

096 regard
[rigáːrd]

(동) ~라고 여기다/생각하다 (명) 관심

(유) consider 간주하다

+ regard A as B: A를 B라고 여기다

- Mozart is **regarded** as one of the greatest composers.
  모차르트는 가장 위대한 작곡가 중 한 명으로 여겨진다.
- Parents should pay proper   to their children.
  부모는 자식들에게 적절한 관심을 기울여야 한다.

097 accuse
[əkjúːz]

(동) 비난하다, 고소하다

accusation (명) 비난, 고소

+ accuse A of B: A를 B로 비난하다/고소하다

- My friends **accused** me of breaking promises very often.
  내 친구들은 내가 자주 약속을 어긴다고 비난했다.
- The company was   d of stealing the design.
  그 회사는 디자인 도용으로 고소되었다.

098 diagnose
[dáiəgnòus]

(동) (질병 등을) 진단하다, (문제의 원인을) 밝혀내다

+ be diagnosed with ~: ~로 진단받다

- After the accident, the patient was **diagnosed** with depression.
  사고 후에 그 환자는 우울증 진단을 받았다.
- The mechanic couldn't   the car's problem.
  그 정비사는 그 차의 문제를 찾을 수 없었다.

099 excessive
[iksésiv]

(형) 과도한, 지나친

excess (명) 과잉   exceed (동) 넘다, 초과하다

- Many cellphone users got angry about the **excessive** charges.
  많은 휴대전화 사용자들은 과도한 요금에 화가 났다.
-            use of the Internet can cause mental problems.
  지나친 인터넷 사용은 심리적 문제를 유발할 수 있다.

100 phenomenon
[finámənàn]

pl. phenomena
phenomenons

(명) 현상

- The aurora borealis is the world's most beautiful natural **phenomenon**.
  북극광(오로라)은 세계에서 가장 아름다운 자연 현상이다.
- Being alone is a new social   in Korea.
  독신(혼자인 것)은 한국에서 새로운 사회 현상이다.

Check Up 정답 p.172

Ⓐ 다음 영어단어의 우리말을 쓰시오.

1 crystal _____

2 mutual _____

3 consistent _____

4 phenomenon _____

5 diagnose _____

6 protein _____

7 automatic _____

8 excessive _____

B 다음 영어단어와 비슷한 의미를 가진 것을 보기 에서 찾아 쓰시오.

1 submit → _____

2 resemble → _____

3 regard → _____

보기
look like
consider
turn in

C 우리말과 일치하도록 알맞은 영어단어를 써넣어 문장을 완성하시오.

1 The _____ on your clothes tells you how to wash them.
네 옷에 있는 표는 그것을 세탁하는 방법을 알려준다.

2 A _____ argument can lead to a big fight.
사소한 언쟁이 큰 싸움으로 이어질 수도 있다.

3 I was _____ed at the weight I gained in ten days.
나는 열흘 동안 찐 살에 깜짝 놀랐다.

4 Moms are _____ of risking themselves for their baby.
엄마들은 자신의 아기를 위해서 위험을 감수할 수 있다.

5 The English teacher _____s English stories to us.
그 영어 선생님은 우리에게 영어 이야기를 받아쓰게 하신다.

6 My friends _____d me of breaking promises very often.
내 친구들은 내가 자주 약속을 어긴다고 비난했다.

7 Mozart is _____ed as one of the greatest composers.
모차르트는 가장 위대한 작곡가 중 한 명으로 여겨진다.

8 The lid is easily _____ed from the body of the pot.
그 뚜껑은 주전자 몸통에서 쉽게 분리된다.

9 _____ your information to join this site.
이 사이트에 가입하려면 당신의 정보를 입력하세요.

10 Some people who _____ celebrities are on this TV show.
이 TV 프로그램에는 유명인을 닮은 사람들이 출연한다.

D 밑줄 친 부분을 바르게 고쳐 문장을 다시 쓰시오.

1 The kids who are much loved are likely to knowing how to love.

→ _____

2 Detach the address label to the box before you throw it away.

→ _____

Review

Lesson 1 ~ Lesson 5

A 영어단어를 듣고 빈칸에 쓰시오. 그 다음, 해당 단어의 우리말을 쓰시오. 🎧07

1 _____ ➡		2 _____ ➡	
3 _____ ➡		4 _____ ➡	
5 _____ ➡		6 _____ ➡	
7 _____ ➡		8 _____ ➡	
9 _____ ➡		10 _____ ➡	
11 _____ ➡		12 _____ ➡	
13 _____ ➡		14 _____ ➡	
15 _____ ➡		16 _____ ➡	

B 다음 영어문장이 우리말과 일치하면 O, 그렇지 않으면 X를 쓰시오.

1 The tourists got exhausted because of the tight schedule.
그 관광객들은 빡빡한 일정으로 기진맥진해졌다. (   )

2 We quit to win first prize at the sports event.
우리는 체육 대회에서 우승하기 위해 협력했다. (   )

3 My symptoms coincide with what the doctor described.
내 증상들은 그 의사가 말한 것과 일치한다. (   )

4 The long war led to the collapse of the kingdom.
오랜 전쟁이 그 왕국의 멸망을 가져왔다. (   )

5 The baby has just started to crawl on its hands and knees.
그 아기는 무릎을 꿇고 막 기기 시작했다. (   )

6 The book is about all outcomes of life and love.
그 책은 삶과 사랑의 모든 측면을 다룬다. (   )

7 Renew your information to join this site.
이 사이트에 가입하려면 당신의 정보를 입력하세요. (   )

8 John and Sam have a mutual interest in painting.
John과 Sam은 그림에 공통의 관심을 갖고 있다. (   )

9 Aside from the suggestion, I have one thing to add.
그 제안 이외에도 나는 덧붙일 게 한 가지가 더 있다. (   )

10 The detective solved many cases using his obstacle.
그 형사는 자신의 직감에 따라 많은 사건을 해결했다. (   )

C 다음 문장의 빈칸에 들어갈 알맞은 단어를 고르시오.

1 The new gym has a seating _____ of more than 5,000.
① capacity   ② cruise   ③ cape   ④ collapse   ⑤ input

2 The detective story gave me a _____ at the climax.
① fee   ② contrast   ③ thrill   ④ hut   ⑤ handicap

3 The antique furniture was sold at the _____ for two million dollars.
① aspect   ② deposit   ③ evolution   ④ legend   ⑤ auction

4 The actor showed his _____ for his fans on TV.
① cape   ② interval   ③ outcome   ④ affection   ⑤ fiber

5 The woman wearing _____ earrings is the hostess of this party.
① crystal   ② perspective   ③ colleague   ④ irony   ⑤ protein

6 These pants are too tight for me around the _____.
① rank   ② regard   ③ legend   ④ aspect   ⑤ hips

7 I got angry when my wool sweater _____ in the wash.
① generated   ② quit   ③ clung   ④ shrank   ⑤ dictated

8 The unfair judgement led to a violent _____ between the teams.
① clash   ② perspective   ③ voyage   ④ independence   ⑤ evolution

9 The Prime Minister is the _____ ruler of the U.K.
① latter   ② steep   ③ likely   ④ automatic   ⑤ virtual

10 Good teachers treat their students in a(n) _____ way.
① cruel   ② consistent   ③ slight   ④ aggressive   ⑤ harsh

11 There is a famous temple _____ a lotus in India.
① exaggerating   ② injecting   ③ astonishing   ④ detaching   ⑤ resembling

12 The aurora borealis is the world's most beautiful natural _____.
① instinct   ② shift   ③ phenomenon   ④ committee   ⑤ commission

13 Brazilians are known to be _____ about soccer.
① competent   ② loyal   ③ enthusiastic   ④ slight   ⑤ apparent

14 My English teacher has a(n) _____ twin brother.
① tight   ② automatic   ③ interval   ④ identical   ⑤ virtual

15 Pet _____ are booming due to the demand from pet owners.
① resorts   ② obstacles   ③ colonies   ④ crystals   ⑤ infants

D 다음 영어 설명에 해당하는 단어를 보기 에서 찾아 쓰시오.

보기	aircraft	voyage	fee	smash	hut
	colony	infant	steady	slight	dictate

1 to break something into many small pieces with a lot of force → _____

2 continuing to happen → _____

3 a country that is under the control of another country → _____

4 a vehicle that flies, like a helicopter or plane → _____

5 very small in size, degree, etc. → _____

6 a small simple house made of wood, mud, etc. → _____

7 a long journey into space or by sea → _____

8 to say something loudly so that someone can write it down → _____

9 any child from birth to age four → _____

10 an amount of money that you pay to do something → _____

E 다음 문장에 들어갈 알맞은 품사의 단어를 고르시오.

1 Beating students to punish them is really 형[cruelty / cruel].

2 Dogs are 형[loyalty / loyal] to their owner.

3 My teacher is always 형[optimism / optimistic] about our future.

4 The bike can 동[generate / generation] electricity while it is running.

5 My friend John is 형[capable / capability] of sharing his food with the hungry kids.

6 The nurse 동[injection / injected] the man before the surgery.

7 My friends 동[accused / accusation] me of breaking the window.

8 The club leader wanted my 형[definite / definitely] answer to his offer to join his club.

9 The baseball player 동[renewed / renewal] the contract with his present team.

10 We all celebrated the 명[independence / independent] of the country from the U.S.

F 밑줄 친 부분과 의미가 비슷한 단어나 표현을 보기 에서 찾아 쓰시오.

보기 obvious   stop   moved   co-workers   fridge
      result   handed in   obtained   capable   considered

1 You are getting bigger. You should quit eating fat.   → _____

2 Be sure to close the refrigerator door after using it.   → _____

3 The singer acquired fame for her beautiful voice.   → _____

4 His mistake was so apparent that he had to admit it.   → _____

5 My dad is happy to work with friendly colleagues.   → _____

6 I submitted the homework two days after the due date.   → _____

7 I shifted my seat from the aisle to the window seat.   → _____

8 The students were lucky to have a competent math teacher.   → _____

9 We will write a paper about the outcome of our experiment.   → _____

10 Albert Einstein is regarded as one of the greatest scientists.   → _____

G 밑줄 친 부분이 어법에 맞으면 O, 그렇지 않으면 X를 쓰시오.

1 Sam is likely to winning the contest as usual. (   )

2 What happened? You look as pale as ashes. (   )

3 It was not easy to detach the chewing gum to Jin's hair. (   )

4 Sadly, my grandfather was diagnosed for lung cancer. (   )

5 Artists have a different perspective on the art from common people. (   )

6 Sam likes to watch movies. On contrast, Jin likes to go shopping. (   )

7 The spy had to complete his job under any circumstances. (   )

8 The earthquake coincided with my arrival at the airport. (   )

9 I committed myself for my project until it was finished. (   )

10 I was astonished to the wedding announcement of my teacher. (   )

08

---

101 bang
[bæŋ]

몡 쿵[탕] 하는 소리 동 (소리 나게) 세게 치다/닫다/두다

• Didn't you hear the **bang** of a gun?
너는 탕 하는 총소리를 듣지 않았니?

• I   ed on the door but nobody answered.
나는 문을 쾅 닫았지만 아무도 반응하지 않았다.

---

102 curve
[kə:rv]

몡 곡선, 커브 동 곡선을 이루다   curved 혱 굽은

• The driver slowed down on the **curves** in the slippery road.
그 운전자는 미끄러운 도로의 커브에서 속도를 낮췄다.

• The road   s to the right, and then to the left.
그 도로는 오른쪽으로 곡선을 이루다 왼쪽으로 곡선을 이룬다.

---

103 install
[instɔ́:l]

동 (장비·프로그램 등을) 설치하다   installation 몡 설치

• **Install** this driver on your computer to use the printer.
프린터를 사용하려면 컴퓨터에 이 드라이버를 설치하세요.

• They   ed a high-quality camera in the patrol car.
그들은 순찰차에 고품질의 카메라를 설치했다.

---

104 retire
[ritáiər]

동 퇴직하다, 물러나다   retirement 몡 은퇴

• Ms. Smith started her own business after she **retired** early.
Smith 씨는 일찍 은퇴한 후 자신의 사업을 시작했다.

• The army   d from the battlefield.
그 군대는 전쟁터에서 물러났다.

---

105 admission
[ədmíʃən]

몡 입장, 인정/시인   admit 동 입장하다, 인정하다

• The zoo has a free **admission** day every month for groups.
그 동물원은 단체 방문객들을 대상으로 매달 무료 입장의 날을 연다.

• The detective got an   of guilt from the suspect.
그 형사는 용의자로부터 유죄 시인을 받아냈다.

---

106 conclude
[kənklú:d]

동 결론을 내다, 끝내다/마치다   conclusion 몡 결론

✚ conclude that ~: ~라고 결론짓다

• NASA **concluded** that the stone is from space.
나사는 그 돌이 우주에서 온 것이라고 결론 내렸다.

• We   d the long discussion without making any decisions.
우리는 어떠한 결정도 없이 그 긴 토의를 마쳤다.

---

107 minor
[máinər]

혱 대수롭지 않은, 별거 아닌 몡 미성년자   반 major 주요한

• 25 students had only **minor** injuries in the school bus crash.
그 학교 버스 충돌 사고에서 25명의 학생들은 단지 경상을 입었다.

• Should   s be allowed to vote?
미성년자가 투표를 할 수 있게 해야 할까요?

---

108 disaster
[dizǽstər]

⑲ 재난, 재해   disastrous ⑲비참한

- We learned to escape from sudden **disasters** like earthquakes.
  우리는 지진과 같은 갑작스러운 재난에서 탈출하는 법을 배웠다.
- We raised funds to help the   victims.
  우리는 재난 피해자를 돕기 위해 기금을 모았다.

---

109 reputation
[rèpjə(:)téiʃən]

⑲ 명성, 평판

- Mr. White has a **reputation** as a competent lawyer.
  White 씨는 유능한 변호사로서 명성을 갖고 있다.
- Just one mistake ruined the chef's   .
  단지 한 번의 실수가 그 요리사의 평판을 망쳐버렸다.

---

110 impact
[ímpækt]

⑲ 영향, 충격   ⑧ 영향을 주다 [impǽkt]   㓋 effect 영향

➕ impact on ~: ~에 대한 영향, ~에 영향을 미치다

- Government policies have a huge **impact** on people's lives.
  정부 정책은 사람들의 삶에 엄청난 영향을 준다.
- Which factor will   the birth rate?
  어떤 요인이 출생률에 영향을 줄까요?

---

111 occupy
[ákjəpài]

⑧ 점령하다, (공간·시간 등을) 차지하다

- The Portuguese **occupied** the island for 10 years until 1622.
  포르투갈인들은 1622년까지 10년간 그 섬을 점령했다.
- Sports and cooking   most of my free time.
  스포츠와 요리가 내 자유 시간의 대부분을 차지한다.

---

112 trend
[trend]

⑲ 유행, 경향, 추세   㓋 tendency 경향

- Women tend to follow the fashion **trends** from celebrities.
  여성들은 유명인들의 패션 유행을 따르는 경향이 있다.
- Having a healthy lifestyle is a current social   .
  건강한 생활 방식을 갖는 것이 현재의 사회적 추세이다.

---

113 commerce
[kámə(:)rs]

⑲ 상업, 무역   commercial ⑲상업의

- E-**commerce** has continued to grow rapidly.
  전자 상거래는 급속도로 계속하여 성장하고 있다.
- English is commonly used for international   .
  영어는 국제 무역에서 일반적으로 사용된다.

---

114 devise
[diváiz]

⑧ (새로운 것·방법을) 만들어내다, 창안하다

- Galton was the first person to **devise** a weather map.
  Galton은 기상도를 고안한 첫 번째 사람이다.
- Our teacher   d some fun and easy math games.
  우리 선생님은 재미있고 쉬운 수학 게임을 만드셨다.

---

115 retain
[ritéin]

⑧ (계속) 유지하다, 간직하다   㓋 keep

- The cookies are individually wrapped to **retain** freshness.
  그 쿠키는 신선함을 유지하기 위해 개별 포장된다.
- My childhood friends are   ed in my memory.
  나의 어린 시절 친구들은 내 기억 속에 간직되어 있다.

116 obsess
[ɑbsés]

동 집착하게 하다

obsession 명 집착

+ be obsessed with ~: ~에 집착하다

• Many people are **obsessed** with losing weight to look slim.
많은 사람들이 날씬해 보이려고 살을 빼는 것에 집착한다.

• Some teenagers are   ed with online games.
몇몇 십대들은 온라인 게임에 집착한다.

---

117 exceed
[iksíːd]

동 (양·정도·범위 등을) 초과하다, 넘어서다

excess 명 초과

• The expenses for the trip to Tokyo won't **exceed** one million won.
도쿄 여행 경비는 백만 원을 넘지 않을 것이다.

• The ballet performance   ed my expectations.
그 발레 공연은 나의 기대치를 넘어섰다.

---

118 dignity
[dígnəti]

명 품위, 존엄성

• The queen suppressed her anger to keep her **dignity**.
그 여왕은 품위를 지키기 위해 화를 참았다.

• You have the right to be treated with   .
여러분은 존엄성으로 대우 받을 권리가 있습니다.

---

119 exotic
[igzátik]

형 이국적인, 외국의

• In this trip, you will experience many **exotic** local customs.
이 여행에서 여러분은 많은 이국적인 지역 풍습을 경험할 것입니다.

• The tree garden is filled with   plants.
그 수목원은 외국 식물들로 가득 차 있다.

---

120 philosophy
[filásəfi]

명 철학

• The principal follows her own **philosophy** of education.
그 교장 선생님은 자신의 교육 철학을 따르고 있다.

• We talk a lot about life in the   club.
우리는 철학 동아리에서 삶에 대해 많이 이야기한다.

Check Up 정답 p.173

A 다음 영어단어의 우리말을 쓰시오.

1 reputation   2 commerce

3 dignity   4 admission

5 impact   6 exotic

7 install   8 philosophy

B 다음 영어단어와 비슷한 의미를 가진 것을 [보기]에서 찾아 쓰시오.

1 impact → _____

2 retain → _____

3 trend → _____

[보기]
keep
tendency
effect

C 우리말과 일치하도록 알맞은 영어단어를 써넣어 문장을 완성하시오.

1 25 students had only _____ injuries in the school bus crash.
그 학교 버스 충돌 사고에서 25명의 학생들은 단지 경상을 입었다.

2 I _____ed on the door but nobody answered.
나는 문을 쾅 닫았지만 아무도 반응하지 않았다.

3 Galton was the first person to _____ a weather map.
Galton은 기상도를 고안한 첫 번째 사람이다.

4 Ms. Smith started her own business after she _____d early.
Smith 씨는 일찍 은퇴한 후 자신의 사업을 시작했다.

5 The expenses for the trip to Tokyo won't _____ one million won.
도쿄 여행 경비는 백만 원을 넘지 않을 것이다.

6 The road _____s to the right, and then to the left.
그 도로는 오른쪽으로 곡선을 이루다 왼쪽으로 곡선을 이룬다.

7 Sports and cooking _____ most of my free time.
스포츠와 요리가 내 자유 시간의 대부분을 차지한다.

8 My childhood friends are _____ed in my memory.
나의 어린 시절 친구들은 내 기억 속에 간직되어 있다.

9 Women tend to follow the fashion _____s from celebrities.
여성들은 유명인들의 패션 유행을 따르는 경향이 있다.

10 We raised funds to help the _____ victims.
우리는 재난 피해자를 돕기 위해 기금을 모았다.

D 밑줄 친 부분을 바르게 고쳐 문장을 다시 쓰시오.

1 Many people are obsessed for losing weight to look slim.

→ _____

2 NASA concluded whether the stone is from space.

→ _____

09

---

121 bargain
[bάːrgin]

명 (정가보다) 싸게 사는 물건 동 흥정하다

• Jin likes to hunt for **bargains** when she shops.
Jin은 쇼핑을 할 때 싼 물건들을 찾아다니는 것을 좋아한다.

• It is fun to _____ with the vendors in the market.
시장에서 상인들과 흥정하는 것은 재미있다.

---

122 dairy
[dέ(ː)əri]

형 유제품의 명 낙농(업)

• We should eat **dairy** products as part of a healthy diet.
우리는 건강한 식단의 일부로 유제품을 먹어야 한다.

• _____ farming is a major industry in New Zealand.
낙농업은 뉴질랜드의 주요 산업이다.

---

123 joint
[dʒɔint]

형 공동의 명 관절

• The success of this project depends on our **joint** effort.
이 프로젝트의 성공은 우리들의 공동의 노력에 달려있다.

• My grandma has a problem in her knee _____.
우리 할머니는 무릎 관절에 문제가 있으시다.

---

124 rival
[ráivəl]

명 경쟁자 형 경쟁하는

rivalry 명 경쟁 유 competitor 경쟁자

• Sam is my biggest **rival** as well as my best friend.
Sam은 나의 가장 친한 친구일 뿐만 아니라 가장 큰 경쟁자이기도 하다.

• The _____ teams will meet in the semifinal match.
그 경쟁 팀은 준결승 경기에서 만날 것이다.

---

125 agriculture
[ǽɡrəkʌ̀ltʃər]

명 농업

agricultural 형 농업의

• Modern **agriculture** uses efficient equipment and machines.
현대 농업은 효율적인 장비와 기계를 사용한다.

• _____ was the main industry in the Joseon Dynasty.
농업은 조선 왕조 시절 주요한 산업이었다.

---

126 confess
[kənfés]

동 (잘못한 것·창피한 것을) 인정하다, 고백하다

confession 명 고백

• The lawyer persuaded her client to **confess** his crime.
그 변호사는 자신의 의뢰인이 범죄를 자백하도록 설득했다.

✛ confess that ~: ~라고 고백하다

• The student _____ed that he cheated on the test.
그 학생은 자신이 시험에서 부정행위를 했다고 고백했다.

---

127 distinguish
[distíŋɡwiʃ]

동 구별하다, 구별 짓다

• Women are better at **distinguishing** colors than men.
여성들은 남성들보다 색을 구별하는 것을 더 잘한다.

✛ distinguish A from B: B로부터 A를 구별하다

• Creativity _____es a genius from a normal person.
창의력은 일반인과 천재를 구별한다.

---

128 clarify
[klǽrəfài]

(동) 분명히 하다, 명백하게 하다

- During the debate, I **clarified** my point to avoid confusion.
  토론을 하는 동안 나는 혼동을 피하려고 나의 요지를 분명히 했다.
- We asked questions to _____ the complex situation.
  우리는 그 복잡한 상황을 명확히 하기 위해 질문을 했다.

129 district
[dístrikt]

(명) (특정한 특징이 있는) 지구, 구역

- Insa-dong, a cultural **district**, is a tourist spot for foreigners.
  문화 지구인 인사동은 외국인들에게는 관광 명소이다.
- The hotel is located in the shopping _____ of the city.
  그 호텔은 도시의 쇼핑 구역에 있다.

130 noble
[nóubl]

(형) 고귀한, 귀족의

- Thanks to the man's **noble** sacrifice, the baby survived the fire.
  그 남자의 고귀한 희생 덕에 그 아기는 화재에서 살아남았다.
- Mr. Johnson was born into a British _____ family.
  Johnson 씨는 한 영국 귀족 가문에서 태어났다.

131 overall
[òuvərɔ́ːl]

(부) 전반적으로 (형) 전반적인   (유) generally 전반적으로

- **Overall**, the festival was a great success this time.
  전반적으로 그 축제는 이번에 큰 성공을 거두었다.
- Sam has the _____ responsibility for the group's work.
  Sam이 모둠 숙제에 대해 전반적인 책임을 지고 있다.

132 trim
[trim]

(동) (살짝 잘라내어) 다듬다, 손질하다

- I **trimmed** my hair myself, and I messed it up.
  나는 스스로 내 머리카락을 다듬었는데 망쳐 버렸다.
- My dad and I _____med the trees in the garden.
  우리 아빠와 나는 정원에 있는 나무들을 손질했다.

133 congress
[káŋgrəs]

(명) (대표들의) 회의, 《대문자로》 (미국 등 일부 국가의) 의회

- Doctors from 20 countries joined the medical **congress**.
  20개국에서 온 의사들이 그 의학 회의에 참석했다.
- The U.S. _____ passed a bill to protect children.
  미 의회는 아동 보호 법안을 통과시켰다.

134 diplomat
[dípləmæt]

(명) 외교관   diplomacy (명) 외교(술)

- The **diplomats** at the U.N. try to solve international conflicts.
  국제연합에 있는 외교관들은 국제 갈등을 해결하려고 노력한다.
- The Korean _____ will be in talks with African leaders.
  그 한국 외교관은 아프리카 지도자들과 회담을 가질 것이다.

135 sculpture
[skʌ́lptʃər]

(명) 조각, 조각품

- Roman **sculpture** is life-sized or a little larger.
  로마 조각상들은 실물 크기이거나 약간 더 크다.
- The festival features ice _____s of various shapes.
  그 축제는 다양한 모양의 얼음 조각품들로 특색을 이룬다.

136 overlook
[óuvərlùk]

(동) 못 보고 넘어가다, (건물에서) ~이 내려다보이다

- We easily **overlook** small mistakes when we are busy.
  우리는 바쁠 때 작은 실수들을 쉽게 간과한다.
- We stayed in a hotel _____ing the ocean.
  우리는 바다가 내려다 보이는 호텔에서 묵었다.

137 agenda
[ədʒéndə]

(명) 의논할 문제, 안건

- Preventing school violence is now at the top of the **agenda**.
  학교 폭력을 방지하는 것이 현재 최우선 의제이다.
- The _____ of tomorrow's meeting is as follows.
  내일 회의의 안건은 다음과 같습니다.

138 diminish
[dimíniʃ]

(동) 줄어들다, (평판 등을) 떨어뜨리다

유 decrease 줄어들다

- Due to the long drought, the amount of drinking water is **diminishing**.
  오랜 가뭄으로 인해 마실 물의 양이 줄어들고 있다.
- The scandal _____ed the reputation of the singer.
  그 스캔들은 그 가수의 명성을 떨어뜨렸다.

139 expand
[ikspǽnd]

(동) (크기·수·양 등이) 확대되다, 확대시키다

expansion (명) 확대

- Most materials, including metals, **expand** when they are heated.
  금속을 포함하여 대부분의 물질은 가열될 때 팽창한다.
- I want to _____ the storage capacity of my computer.
  나는 내 컴퓨터의 저장 용량을 늘리고 싶다.

140 precede
[prisí:d]

(동) ~보다 먼저 일어나다, ~에 앞서다

- To workaholics, their work **precedes** everything else.
  일 중독자들에게는 일이 다른 어떤 것보다 우선한다.

  ✚ be preceded by ~: ~을 앞세우다

- The fire in the building was _____d by a loud explosion.
  그 건물의 화재에 앞서 커다란 폭발이 있었다.

Check Up 정답 p.173

Ⓐ 다음 영어단어의 우리말을 쓰시오.

1 agriculture		2 diplomat	
3 diminish		4 sculpture	
5 expand		6 rival	
7 agenda		8 noble	

B 다음 영어단어와 비슷한 의미를 가진 것을 보기 에서 찾아 쓰시오.

1 rival   → _____

2 diminish   → _____

3 overall   → _____

보기
decrease
competitor
generally

C 우리말과 일치하도록 알맞은 영어단어를 써넣어 문장을 완성하시오.

1 Jin likes to hunt for _____s when she shops.
Jin은 쇼핑을 할 때 싼 물건들을 찾아다니는 것을 좋아한다.

2 Insa-dong, a cultural _____, is a tourist spot for foreigners.
문화 지구인 인사동은 외국인들에게 관광 명소이다.

3 We easily _____ small mistakes when we are busy.
우리는 바쁠 때 작은 실수들을 쉽게 간과한다.

4 The lawyer persuaded her client to _____ his crime.
그 변호사는 자신의 의뢰인이 범죄를 자백하도록 설득했다.

5 We asked questions to _____ the complex situation.
우리는 그 복잡한 상황을 명확히 하기 위해 질문을 했다.

6 The U.S. _____ passed a bill to protect children.
미 의회는 아동 보호 법안을 통과시켰다.

7 My grandma has a problem in her knee _____.
우리 할머니는 무릎 관절에 문제가 있다.

8 We should eat _____ products as part of a healthy diet.
우리는 건강한 식단의 일부로 유제품을 먹어야 한다.

9 My dad and I _____med the trees in the garden.
우리 아빠와 나는 정원에 있는 나무들을 손질했다.

10 _____, the festival was a great success this time.
전반적으로 그 축제는 이번에 큰 성공을 거두었다.

D 밑줄 친 부분을 바르게 고쳐 문장을 다시 쓰시오.

1 The fire in the building was preceded to a loud explosion.

  → _____

2 Creativity distinguishes a genius with a normal person.

  → _____

---

141 chew
[tʃuː]

⑧ (음식을) 씹다, 물어뜯다

• It is hard to **chew** food because of my bad teeth.
충치 때문에 음식을 씹는 것이 힘들다.

• How can I stop my dog from _____ing on everything?
모든 것을 물어뜯는 제 강아지를 어떻게 하면 멈추게 할 수 있을까요?

---

142 dawn
[dɔːn]

⑲ 새벽 ⑧ 날이 새다, 동트다

✚ at dawn : 새벽에

• We got up at **dawn** and hurried to the airport for the flight.
우리는 새벽에 일어나 비행기를 타기 위해 서둘러 공항으로 갔다.

• In a few minutes the new day will _____ .
몇 분 후면 새로운 날이 밝아올 것이다.

---

143 junior
[dʒúːnjər]

⑲ 하급의, (대학의) 3학년인

• The **junior** officer led a group of soldiers to attack the city.
그 하급 장교는 한 무리의 병사를 이끌고 그 도시를 공격했다.

• I spent all my _____ year in the library.
나는 대학 3학년 시절 내내 도서관에서 보냈다.

---

144 sharp
[ʃɑːrp]

⑲ 날카로운/뾰족한, 강렬한

• The vampire laughed out loud, revealing his **sharp** teeth.
그 뱀파이어는 날카로운 이를 드러내며 큰 소리로 웃었다.

• I fell down the stairs and felt a _____ pain in my back.
나는 계단에서 넘어졌는데 등에 강한 통증을 느꼈다.

---

145 ancestor
[ǽnsestər]

⑲ 조상   ⑪ descendant 후손 ⑨ forefather

• We learn our **ancestors'** wisdom through fables and folk tales.
우리는 우화와 민담을 통해 조상들의 지혜를 배운다.

• Logically, all human beings have common _____ s.
논리적으로 인류는 공통의 조상을 갖고 있다.

---

146 confirm
[kənfə́ːrm]

⑧ (증거를 들어) 확인해 주다   confirmation ⑲ 확인

✚ confirm that ~ : ~라는 것을 확인시키다

• Many studies **confirmed** that Korea is not safe from earthquakes.
많은 연구는 한국이 지진으로부터 안전하지 않다는 것을 확인시켜 주었다.

• The clinic called to _____ your appointment.
병원에서 네 진료 예약을 확인하려고 전화가 왔었어.

---

147 offend
[əfénd]

⑧ (말·행동으로) 기분을 상하게 하다   offensive ⑲ 불쾌한 ⑨ upset

• The presenter was deeply **offended** by the negative feedback.
그 발표자는 부정적인 피드백에 무척 기분이 상했다.

• His rude behavior _____ ed the audience.
그의 무례한 행동은 청중들을 불쾌하게 했다.

148 **enormous**
[inɔ́ːrməs]

형 (크기·양이) 엄청난 　　　　　　　　　　　　　　유 huge, massive

- We prepared an **enormous** three-layer cake for the wedding.
  우리는 결혼식을 위해 엄청난 크기의 삼단 케이크를 준비했다.
- My group made an 　　　　　 effort for the science project.
  우리 모둠은 그 과학 프로젝트를 위해 엄청난 노력을 했다.

---

149 **alternative**
[ɔːltə́ːrnətiv]

형 대체의　명 대체할 수 있는 것/대안

- The sun and wind are important **alternative** energy sources.
  태양과 바람은 중요한 대체 에너지원이다.
- We should find an 　　　　　 to animal testing.
  우리는 동물 실험을 대체할 수 있는 것을 찾아야 한다.

---

150 **endanger**
[indéindʒər]

동 위험에 빠뜨리다 　　　endangered 형 멸종 위기의　유 put ~ at risk

- The expansion of nuclear weapons **endangers** the whole world.
  핵무기의 확산은 전 세계를 위험에 빠뜨린다.
- Driving too fast 　　　　　s the lives of other drivers.
  너무 빠른 속도로 운전하는 것은 다른 운전자들의 목숨을 위태롭게 한다.

---

151 **overseas**
[óuvərsìːz]

형 해외의　부 해외로, 해외에 [ôuvərsíːz]

- An **overseas** trip is an opportunity to broaden your mind.
  해외 여행은 생각을 넓힐 수 있는 기회이다.
- Many students want to go 　　　　　 for better education.
  많은 학생들이 더 나은 교육을 받기 위해 해외로 나가고 싶어 한다.

---

152 **urgent**
[ə́ːrdʒənt]

형 긴급한, 다급한 　　　　　　　　　　　　　urgency 명 긴급

- The council called for an **urgent** meeting to discuss the disaster.
  그 위원회는 그 재난에 대해 토의하려고 긴급 회의를 소집했다.
- An 　　　　　 voice from the river screamed "Help!"
  "도와주세요!"라는 다급한 목소리가 강에서 들려왔다.

---

153 **desperate**
[déspərit]

형 간절히 원하는, 절망적인

➕ be desperate for ~: ～을 간절히 원하다

- Without any income, John is **desperate** for money to pay the rent.
  수입이 없어서 John은 월세를 낼 돈을 간절히 원한다.
- Your donation will help the people in a 　　　　　 situation.
  당신의 기부가 절망적인 상황에 처한 사람들을 도와줄 것입니다.

---

154 **prescribe**
[priskráib]

동 (의사가) 처방을 내리다, 처방하다 　　　　prescription 명 처방

- Some doctors **prescribe** antibiotics to their patients too often.
  일부 의사들은 환자들에게 너무 자주 항생제를 처방한다.
- I took the medicine as it was 　　　　　d.
  나는 처방 받은 대로 약을 먹었다.

---

155 **significant**
[signífikənt]

형 매우 중요한, 상당한

- Christmas is probably the most **significant** day to Christians.
  아마도 크리스마스는 기독교인들에게 가장 중요한 날일 것이다.
- A 　　　　　 number of people still die from hunger.
  상당한 수의 사람들이 아직도 배고픔으로 죽는다.

156 procedure
[prəsíːdʒər]

(명) 절차, 순서

- Always follow safety **procedures** to protect yourselves.
  스스로를 보호하기 위해서는 항상 안전 절차를 따르세요.
- Now, we will learn and practice the correct CPR _____.
  이제 우리는 올바른 CPR(심폐소생술) 순서를 배우고 연습할 것입니다.

---

157 contrary
[kántreri]

(형) 정반대의   contrarily (부) 반대로

- Sam and Jin had **contrary** opinions on wearing school uniforms.
  Sam과 Jin은 교복을 입는 것에 대해 정반대의 생각을 갖고 있었다.
- ✚ contrary to ~: ~와는 달리, 반대로
- _____ to popular belief, dogs are not color-blind.
  일반적인 믿음과 달리 개들은 색맹이 아니다.

---

158 emphasis
[émfəsis]

(명) 강조, 중요성   emphasize (동) 강조하다   (유) stress 강조

- ✚ place/put an emphasis on ~: ~에 중점/역점을 두다
- Traditionally, Koreans have put an **emphasis** on education.
  전통적으로 한국인들은 교육에 중점을 두어 왔다.
- The teacher put an _____ on being punctual for class.
  그 선생님은 수업 시간을 지킬 것을 강조하셨다.

---

159 extent
[ikstént]

(명) (크기·중요성 등의) 정도

- The project is successful to a certain **extent**.
  그 프로젝트는 어느 정도까지는 성공적이다.
- To some _____, the rumor is true.
  어느 정도까지는 그 소문이 사실이다.

---

160 dispose
[dispóuz]

(동) (알맞은 곳에) 배치하다

- The turtle ships were **disposed** to fight the Japanese battleships.
  거북선들이 일본 함대와 싸우기 위해 배치되었다.
- ✚ dispose of ~: ~을 버리다, 처분하다
- We must not _____ of nuclear waste in space.
  우리는 핵폐기물을 우주에 버려서는 안 된다.

Check Up 정답 p.173

Ⓐ 다음 영어단어의 우리말을 쓰시오.

1 enormous _____   2 endanger _____

3 procedure _____   4 ancestor _____

5 confirm _____   6 extent _____

7 desperate _____   8 prescribe _____

B 다음 영어단어와 비슷한 의미를 가진 것을 보기 에서 찾아 쓰시오.

1 ancestor → _____

2 emphasis → _____

3 offend → _____

보기 **forefather**
upset
stress

C 우리말과 일치하도록 알맞은 영어단어를 써넣어 문장을 완성하시오.

1 Many students want to go _____ for better education.
많은 학생들이 더 나은 교육을 받기 위해 해외로 나가고 싶어 한다.

2 It is hard to _____ food because of my bad teeth.
충치 때문에 음식을 씹는 것이 어렵다.

3 _____ to popular belief, dogs are not color-blind.
일반적인 믿음과 달리 개들은 색맹이 아니다.

4 Christmas is probably the most _____ day to Christians.
아마도 크리스마스는 기독교인들에게 가장 중요한 날일 것이다.

5 His rude behavior _____ed the audience.
그의 무례한 행동은 청중들을 불쾌하게 했다.

6 The sun and wind are important _____ energy sources.
태양과 바람은 중요한 대체 에너지원이다.

7 The vampire laughed out loud, revealing his _____ teeth.
그 뱀파이어는 날카로운 이를 드러내며 큰 소리로 웃었다.

8 We got up at _____ and hurried to the airport for the flight.
우리는 새벽에 일어나 비행기를 타기 위해 서둘러 공항으로 갔다.

9 I spent all my _____ year in the library.
나는 대학 3학년 시절 내내 도서관에서 보냈다.

10 An _____ voice from the river screamed "Help!"
"도와주세요!"라는 다급한 목소리가 강에서 들려왔다.

D 밑줄 친 부분을 바르게 고쳐 문장을 다시 쓰시오.

1 We must not dispose with nuclear waste in space.

→ _____

2 Traditionally, Koreans have put an emphasis at education.

→ _____

---

161 **basis**

[béisis]

pl. bases

몡 기반, 기초

- Trust is the **basis** of all relationships like marriage or friendship.
  신뢰는 결혼이나 우정과 같은 모든 관계의 기반이다.

✚ on the basis of ~: ~을 기준으로

- We hire people on the _____ of sincerity.
  우리는 성실성을 기준으로 사람을 고용한다.

basic 톙 기본적인

---

162 **deck**

[dek]

몡 (배의) 갑판, (이층 버스의) 층

- The passengers gathered on the **deck** to see the sunset.
  승객들은 일몰을 보려고 갑판에 모여들었다.

- The top _____ of the bus was full of foreign tourists.
  그 버스의 꼭대기 층은 외국 관광객들로 꽉 차 있었다.

---

163 **ladder**

[lædər]

몡 사다리

- The worker fell off a **ladder** and broke his leg.
  그 일꾼은 사다리에서 떨어져 다리가 부러졌다.

- Education is considered to be a _____ to success.
  교육은 성공으로 가는 사다리로 여겨진다.

---

164 **route**

[ruːt]

몡 길/경로, (버스 등의) 노선

- The army took the quickest **route** over the mountain.
  그 군대는 산을 넘어가는 가장 빠른 길로 갔다.

- The restaurant you are looking for is on this bus _____.
  당신이 찾고 있는 식당은 이 버스 노선 상에 있어요.

유 way

---

165 **envy**

[énvi]

몡 부러움   동 부러워하다

- My friends looked at my birthday present with **envy**.
  내 친구들은 부러움으로 내 생일 선물을 바라보았다.

- We _____ Michael for his musical talent.
  우리는 Michael의 음악적 재능을 부러워한다.

envious 톙 부러워하는

---

166 **consist**

[kənsíst]

동 (부분·요소로) 이루어져 있다, ~에 있다

✚ consist of ~: ~로 구성되다

- The house **consists** of two bedrooms and a bathroom.
  그 집은 두 개의 침실과 욕실 하나로 구성되어 있다.

- Some people claim that happiness _____s only of wealth.
  어떤 사람들은 행복이 부에만 있다고 주장한다.

---

167 **volcano**

[vɑlkéinou]

몡 화산

- When a **volcano** erupts, we should stay far away from it.
  화산이 폭발하면 거기에서 멀리 떨어져 있어야 한다.

- Hawaii has active _____s as well as beautiful beaches.
  하와이는 아름다운 해변뿐만 아니라 활화산도 있다.

volcanic 톙 화산의

168 evidence
[évidəns]

(명) 증거, 근거

유 proof 증거

- There is little **evidence** to prove that the suspect is guilty.
  그 용의자가 유죄라는 것을 증명할 증거가 거의 없다.
- The scientist is gathering   to back up her theory.
  그 과학자는 자신의 이론을 뒷받침할 근거를 모으고 있다.

---

169 corrupt
[kərʌpt]

(형) 타락한, 부패한   (동) 부패하게 만들다

corruption (명) 부패, 비리

- The hero of the movie saves people from the **corrupt** king.
  그 영화의 영웅은 타락한 왕으로부터 사람들을 구한다.
- The man became   when he had power.
  그 남자는 권력을 가지자 부패해졌다.

---

170 enrich
[inrítʃ]

(동) (질적으로) 향상시키다, 부유하게 하다

- Follow these tips to **enrich** your garden soil.
  정원의 토양을 비옥하게 하려면 이 방법들을 따르세요.
- The oil sales   ed the Middle Eastern countries.
  석유 판매는 중동 국가들을 부유하게 만들었다.

---

171 platform
[plǽtfɔːrm]

(명) (기차역의) 플랫폼, 연단

- Waiting for my train, I had a cup of coffee on the **platform**.
  기차를 기다리면서 나는 플랫폼에서 커피 한 잔을 마셨다.
- A lecturer is making a speech on the   .
  한 강연자가 연단에서 연설을 하고 있다.

---

172 vocabulary
[voukǽbjəlèri]

(명) 단어, 어휘

- New **vocabulary** is added to the dictionary every year.
  매년 새 단어들이 사전에 추가된다.
- I read many English books to enrich my English   .
  나는 영어 어휘를 강화하려고 많은 영어책을 읽었다.

---

173 hazard
[hǽzərd]

(명) 위험, 위험 요소

hazardous (형) 위험한   유 danger

- Construction workers are always exposed to **hazards**.
  공사장 인부들은 항상 위험에 노출되어 있다.
- The fine dust became a health   in Korea.
  미세먼지는 한국에서 건강을 위협하는 요소가 되었다.

---

174 accelerate
[əksélərèit]

(동) (차가) 속도를 높이다, 가속화하다

acceleration (명) 가속

- The patrol car **accelerated** to chase the hit-and-run vehicle.
  그 순찰차는 뺑소니 차량을 쫓기 위해 속도를 높였다.
- Certain food can   hair growth.
  어떤 음식들은 머리카락 성장을 촉진시킬 수 있다.

---

175 vivid
[vívid]

(형) 생생한, 선명한

- The novel gives a **vivid** description of the battle.
  그 소설은 그 전투를 생생하게 묘사한다.
- Our native English teacher has   blue eyes.
  우리 원어민 영어 선생님은 선명한 푸른색 눈동자를 가지셨다.

176 estimate
[éstəmit]

똉 추정치 똉 추정하다, 어림짐작하다 [éstəmèit]

• I'll give you an **estimate** of the cost of the trip.
  내가 대략적인 여행 비용을 알려 줄게.

➕ estimate that ~: ～라고 추정하다

• Experts _____d that the fire started in the kitchen.
  전문가들은 그 화재가 부엌에서 시작되었다고 추정했다.

---

177 naive
[nɑːíːv]

똉 (경험·지식이 부족하여) 순진한

• John is **naive** enough to believe that ghosts live in the graves.
  John은 그 무덤에 귀신들이 산다고 믿을 정도로 순진하다.

• Peace on Earth is a _____ idea.
  지구에 평화라는 것은 순진한 생각이다.

---

178 criticize
[krítisàiz]

똉 비판하다, 비난하다   criticism 똉비판

• In a democracy, we are free to **criticize** our government.
  민주주의에서 우리는 정부를 자유롭게 비판할 수 있다.

➕ criticize A for B: B라는 이유로 A를 비난하다

• People _____d the father for beating his kids.
  사람들은 자식을 때렸다는 이유로 그 아버지를 비난했다.

---

179 evolve
[ivɑ́lv]

똉 진화하다, 발전하다   evolution 똉진화, 발전

• If we continue to **evolve**, what will we look like in one million years?
  만일 우리가 계속 진화한다면 백만 년 뒤에 우리의 모습은 어떨까?

• A simple idea can _____ into something great.
  단순한 생각이 멋진 것으로 발전할 수도 있다.

---

180 prohibit
[prouhíbit]

똉 금지하다, 못하게 하다   prohibition 똉금지   유 ban

• The law **prohibits** selling alcohol to teens.
  그 법은 십대들에게 알코올을 파는 것을 금지한다.

➕ prohibit A from 동사원형-ng: A가 ～하지 못하게 하다

• My parents _____ me from staying out late.
  우리 부모님은 내가 늦게까지 밖에 있는 것을 허락하지 않으신다.

Check Up 정답 p.174

Ⓐ 다음 영어단어의 우리말을 쓰시오.

1 vocabulary _____   2 envy _____

3 evolve _____   4 naive _____

5 deck _____   6 accelerate _____

7 hazard _____   8 platform _____

B 다음 영어단어와 비슷한 의미를 가진 것을 보기 에서 찾아 쓰시오.

1 prohibit   → _____

2 hazard   → _____

3 evidence   → _____

보기   proof
        ban
        danger

C 우리말과 일치하도록 알맞은 영어단어를 써넣어 문장을 완성하시오.

1 There is little _____ to prove that the suspect is guilty.
   그 용의자가 유죄라는 것을 증명할 증거가 거의 없다.

2 The oil sales _____ed the Middle Eastern countries.
   석유 판매는 중동 국가들을 부유하게 만들었다.

3 We hire people on the _____ of sincerity.
   우리는 성실성을 기준으로 사람을 고용한다.

4 Experts _____d that the fire started in the kitchen.
   전문가들은 그 화재가 부엌에서 시작되었다고 추정했다.

5 The hero of the movie saves people from the _____ king.
   그 영화의 영웅은 타락한 왕으로부터 사람들을 구한다.

6 The novel gives a _____ description of the battle.
   그 소설은 그 전투를 생생하게 묘사한다.

7 The army took the quickest _____ over the mountain.
   그 군대는 산을 넘어가는 가장 빠른 길을 갔다.

8 The worker fell off a _____ and broke his leg.
   그 일꾼은 사다리에서 떨어져 다리가 부러졌다.

9 The law _____s selling alcohol to teens.
   그 법은 십대들에게 알코올을 파는 것을 금지한다.

10 When a _____ erupts, we should stay far away from it.
   화산이 폭발하면 거기에서 멀리 떨어져 있어야 한다.

D 밑줄 친 부분을 바르게 고쳐 문장을 다시 쓰시오.

1 The house consists with two bedrooms and a bathroom.

   → _____

2 People criticized the father of beating his kids.

   → _____

181 beyond
[bijánd]

㉰ (범위·한도를) 넘어서는, (장소) 너머

- The summer trip was far **beyond** my expectations.
  그 여름 여행은 내 기대치를 훨씬 뛰어 넘었다.
- My dream is to travel   the solar system.
  내 꿈은 태양계 너머를 여행하는 것이다.

182 delete
[dilí:t]

㉪ 삭제하다, 지우다   deletion ㉫ 삭제 ㈜ erase

- Your personal information will be **deleted** after use in this app.
  당신의 개인 정보는 사용 후 이 앱에서 삭제될 것입니다.
- The teacher   d some words in my paper.
  그 선생님은 나의 과제물에서 단어 몇 개를 지우셨다.

183 lane
[lein]

㉫ (골목 등의) 좁은 길, 차선, (달리기·수영 경기의) 레인

- We walked along the **lane** outside our house.
  우리는 집 밖으로 난 길을 따라 산책을 했다.
- The sprinter in   four has the world record.
  4번 레인에 있는 단거리 선수가 세계 기록을 보유하고 있다.

184 screw
[skru:]

㉫ 나사 ㉪ 나사로 고정시키다

- The **screws** in your glasses are loose. You need to tighten them.
  네 안경의 나사는 헐거워. 조여야 해.
-        in all the parts with the little nuts and bolts.
  작은 너트와 볼트로 모든 부품을 고정시키세요.

185 baggage
[bǽgidʒ]

㉫ 수하물, (여행용) 가방   ㈜ luggage

- You can't pack certain items in your carry-on **baggage**.
  어떤 물품은 기내용 수하물에 넣을 수 없습니다.
- I was so excited about the trip that I left my   behind.
  나는 여행에 너무 신이 나서 짐을 두고 갔다.

186 core
[kɔːr]

㉫ (과일의) 심/속, 핵심

- This tool is used to remove the **core** of an apple.
  이 도구는 사과의 심을 제거하기 위해 사용된다.
- The   of the problem is the lack of communication.
  그 문제의 핵심은 의사소통의 부재이다.

187 cite
[sait]

㉪ 이유나 예를 들다, 인용하다

+ cite A as B: A를 B로 언급하다

- A vegetarian diet was **cited** as an important factor for health.
  채식이 건강을 위한 중요한 요인으로 언급되었다.
- The comedian often   s Twitter posts for fun.
  그 코미디언은 재미를 위해 종종 트위터 글을 인용한다.

188 fabric
[fǽbrik]

(명) 직물, 천

- This factory produces lightweight **fabrics** for summer clothes.
  이 공장은 여름용 의류를 위한 경량의 직물들을 생산한다.
- I dyed the _____ to make a handkerchief.
  나는 손수건을 만들려고 천을 염색했다.

---

189 declare
[dikléər]

(동) 선언하다, 분명히 말하다, (세관에 과세 물품을) 신고하다

- Korea **declared** independence from Japan on August 15, 1945.
  한국은 1945년 8월 15일에 일본으로부터의 독립을 선언했다.
- Some things must be _____d at customs when you enter a country.
  여러분은 어떤 나라에 입국할 때 몇몇 물건에 대한 관세를 신고해야 한다.

---

190 enroll
[inróul]

(동) 등록하다, 입학하다

  ✛ enroll in ~: ~에 입학하다, 이름을 올리다

- I was happy to **enroll** in the medical college.
  나는 의대에 입학하게 되어 기뻤다.
- New club members will be _____ed tomorrow.
  내일 동아리 신입 회원들이 등록할 것이다.

---

191 possess
[pəzés]

(동) 소유하다, (자질·특징을) 지니다   possession (명) 소유   (유) own 소유하다

- The Louvre Museum **possesses** many original works of art.
  루브르 박물관은 많은 원본 예술작품들을 보유하고 있다.
- Most of my friends _____ a sense of humor.
  나의 친구 대부분은 유머 감각을 지니고 있다.

---

192 vague
[veig]

(형) 애매한/모호한, 희미한/어렴풋한   (유) unclear 불명확한

- My dad made a **vague** promise about going camping on the weekend.
  우리 아빠는 주말에 캠핑을 가는 것에 대해 모호한 약속을 하셨다.
- I have _____ memories of my childhood.
  나는 어린 시절에 대한 희미한 기억을 갖고 있다.

---

193 heritage
[héritidʒ]

(명) (국가·사회의) 유산

- The Taj Mahal is the biggest cultural **heritage** site in India.
  타지마할은 인도에서 가장 큰 문화 유적이다.
- Gyeongju possesses a rich _____ of the Silla Kingdom.
  경주는 신라 왕국의 풍부한 유산을 갖고 있다.

---

194 overcome
[òuvərkʌ́m]
overcome-
overcame-
overcome

(동) 극복하다

- I thank Mr. Lopez for helping me **overcome** my difficulties.
  나는 내가 어려움을 극복하도록 도와준 Lopez 씨가 고맙다.
- Jin helped me _____ the fear of losing friends.
  Jin은 내가 친구를 잃은 것에 대한 두려움을 극복하도록 도와주었다.

---

195 motive
[móutiv]

(명) (행동의) 동기, 이유   motivate (동) 동기를 부여하다, 이유를 말하다

- Jealousy is often the **motive** behind murders.
  질투는 종종 살인의 뒤에 숨겨진 동기이다.
- What is the _____ for your sudden kindness?
  너의 갑작스러운 친절의 이유가 무엇이니?

196 evaluate
[ivǽljuèit]

동 평가하다

evaluation 명 평가

- Students can officially **evaluate** their teachers once a year.
  학생들은 자신을 가르치는 교사들을 일년에 한 번 공식적으로 평가할 수 있다.
- Active viewers   TV shows as well as enjoy them.
  적극적인 시청자들은 TV 프로그램을 즐길 뿐만 아니라 평가하기도 한다.

197 phase
[feiz]

명 (과정상의) 단계, (달의 변화하는) 모습

유 stage 단계

- Now we are in the final **phase** of the science project.
  이제 우리는 그 과학 프로젝트의 마지막 단계에 있다.
- The homework is to observe every   of the moon.
  그 숙제는 달의 모든 변화 모습을 관찰하는 것이다.

198 crucial
[krú:ʃəl]

형 중대한, 결정적인

- Certain vitamins are **crucial** for the immune system.
  특정 비타민들은 면역 체계에 중요하다.
- The detective found a   clue to solve the case.
  형사는 그 사건을 해결하는 데 있어 결정적인 단서를 발견했다.

199 illustrate
[íləstrèit]

동 예를 들어 설명하다, (책 등에) 그림을 넣다

illustration 명 삽화

- This graph **illustrates** where people like to go for their holidays.
  이 그래프는 사람들이 어디로 휴가를 가고 싶어 하는지를 설명하고 있다.
- Most children's books are   d.
  대부분의 아동용 책은 그림이 들어가 있다.

200 prominent
[prάmənənt]

형 유명한, 두드러진/눈에 띄는

- We invited a **prominent** surgeon to speak at our Career Festival.
  우리는 진로 축제에서 연설하도록 유명한 외과 의사를 초청했다.
- Sam is the most   musician in the city.
  Sam은 그 도시에서 가장 눈에 띄는 음악가이다.

Check Up 정답 p.174

A 다음 영어단어의 우리말을 쓰시오.

1 phase   2 motive

3 beyond   4 crucial

5 fabric   6 heritage

7 evaluate   8 vague

B 다음 영어단어와 비슷한 의미를 가진 것을 [보기] 에서 찾아 쓰시오.

1 delete   → _____

2 phase   → _____

3 vague   → _____

> [보기] unclear
>   erase
>   stage

C 우리말과 일치하도록 알맞은 영어단어를 써넣어 문장을 완성하시오.

1 Korea _____d independence from Japan on August 15, 1945.
한국은 1945년 8월 15일에 일본으로부터의 독립을 <u>선언했다</u>.

2 The _____s of your glasses are loose. You need to tighten them.
네 안경의 <u>나사는</u> 헐거워. 조여야 해.

3 The Louvre Museum _____es many original works of art.
루브르 박물관은 많은 원본 예술작품들을 <u>보유하고 있다</u>.

4 The _____ of the problem is the lack of communication.
그 문제의 <u>핵심은</u> 의사소통의 부재이다.

5 Most children's books are _____d.
대부분의 아동용 책은 <u>그림이 들어가</u> 있다.

6 Sam is the most _____ musician in the city.
Sam은 그 도시에서 가장 <u>눈에 띄는</u> 음악가이다.

7 We walked along the _____ outside our house.
우리는 집 밖으로 난 <u>길을</u> 따라 산책을 했다.

8 You can't pack certain items in your carry-on _____.
어떤 물품은 기내용 <u>수하물에</u> 넣을 수 없습니다.

9 Your personal information will be _____d after use in this app.
당신의 개인 정보는 사용 후 이 앱에서 <u>삭제될</u> 것입니다.

10 Jin helped me _____ the fear of losing friends.
Jin은 내가 친구를 잃은 것에 대한 두려움을 <u>극복하도록</u> 도와주었다.

D 밑줄 친 부분을 바르게 고쳐 문장을 다시 쓰시오.

1 A vegetarian diet <u>was cited for an important factor</u> for health.

→ _____

2 I was happy <u>to enroll for</u> the medical college.

→ _____

A 영어단어를 듣고 빈칸에 쓰시오. 그 다음, 해당 단어의 우리말을 쓰시오. 🎧13

1 _____ ➡ ....
2 _____ ➡ ....
3 _____ ➡ ....
4 _____ ➡ ....
5 _____ ➡ ....
6 _____ ➡ ....
7 _____ ➡ ....
8 _____ ➡ ....
9 _____ ➡ ....
10 _____ ➡ ....
11 _____ ➡ ....
12 _____ ➡ ....
13 _____ ➡ ....
14 _____ ➡ ....
15 _____ ➡ ....
16 _____ ➡ ....

B 다음 영어문장이 우리말과 일치하면 O, 그렇지 않으면 X를 쓰시오.

1 Sports and cooking occupy most of my free time.
스포츠와 요리가 내 자유 시간의 대부분을 차지한다. (   )

2 It is hard to curve food because of my bad teeth.
충치 때문에 음식을 씹는 것이 힘들다. (   )

3 My parents prohibit me from staying out late.
우리 부모님은 내가 늦게까지 밖에 있는 것을 허락하지 않으신다. (   )

4 I banged on the door but nobody answered.
나는 문을 쾅 닫았지만 아무도 반응하지 않았다. (   )

5 We should find an admission to animal testing.
우리는 동물 실험을 대체할 수 있는 것을 찾아야 한다. (   )

6 The core of the problem is the lack of communication.
그 문제의 핵심은 의사소통의 부재이다. (   )

7 My grandma has a problem in her knee joint.
우리 할머니는 무릎 관절에 문제가 있으시다. (   )

8 We invited a minor surgeon to speak at our Career Festival.
우리는 진로 축제에서 연설하도록 유명한 외과 의사를 초청했다. (   )

9 The hero of the movie saves people from the urgent king.
그 영화의 영웅은 타락한 왕으로부터 사람들을 구한다. (   )

10 The Korean diplomat will be in talks with African leaders.
그 한국 외교관은 아프리카 지도자들과 회담을 가질 것이다. (   )

C 다음 문장의 빈칸에 들어갈 알맞은 단어를 고르시오.

1 Most children's books are _____.
   ① curved   ② confessed   ③ classified   ④ illustrated   ⑤ obsessed

2 Galton was the first person to _____ a weather map.
   ① retain   ② diminish   ③ prescribe   ④ devise   ⑤ offend

3 The clinic called to _____ your appointment.
   ① expand   ② chew   ③ consist   ④ confirm   ⑤ install

4 The project is successful to a certain _____.
   ① trend   ② extent   ③ volcano   ④ lane   ⑤ motive

5 NASA _____ that the stone is from space.
   ① concluded   ② exceeded   ③ preceded   ④ distinguished   ⑤ accelerated

6 I'll give you a(n) _____ of the cost of the trip.
   ① admission   ② emphasis   ③ alternative   ④ disaster   ⑤ estimate

7 The Taj Mahal is the biggest cultural _____ site in India.
   ① rival   ② bang   ③ heritage   ④ impact   ⑤ agriculture

8 Jin likes to hunt for _____ when she shops.
   ① procedures   ② routes   ③ bargains   ④ evidences   ⑤ cores

9 The _____ of your glasses are loose. You need to tighten them.
   ① fabrics   ② screws   ③ platforms   ④ baggage   ⑤ motives

10 Mr. Johnson was born into a British _____ family.
   ① exotic   ② noble   ③ dairy   ④ junior   ⑤ vague

11 Just one mistake ruined the chef's _____.
   ① ancestor   ② ladder   ③ deck   ④ district   ⑤ reputation

12 The queen suppressed her anger to keep her _____.
   ① basis   ② dignity   ③ sculpture   ④ dawn   ⑤ rival

13 The expansion of nuclear weapons _____ the whole world.
   ① disposes   ② criticizes   ③ endangers   ④ occupies   ⑤ enriches

14 Preventing school violence is now at the top of the _____.
   ① commerce   ② vocabulary   ③ congress   ④ route   ⑤ agenda

15 The fine dust became a health _____ in Korea.
   ① hazard   ② philosophy   ③ joint   ④ diplomat   ⑤ heritage

D 다음 영어 설명에 해당하는 단어를 보기 에서 찾아 쓰시오.

보기	curve	disaster	dairy	trim	sharp
	overseas	ladder	accelerate	overcome	crucial

1 being in a foreign country across the sea → _____

2 to cut something like hair to make it tidy → _____

3 a line that bends gradually → _____

4 to deal with a problem or situation successfully → _____

5 made from milk → _____

6 steps used for climbing up someplace like a roof → _____

7 being greatly important → _____

8 something terrible that causes a lot of damage → _____

9 to get or move faster → _____

10 having a pointed end → _____

E 다음 문장에 들어갈 알맞은 품사의 단어를 고르시오.

1 Luckily, our 형[rivalry / rival] team didn't make it to the final round.

2 The patient took the medicine exactly as her doctor 동[prescription / prescribed] it.

3 Mr. Darcy got an 형[urgent / urgency] call from the hospital.

4 The price of the gift to your teacher should not 동[exceed / excess] 30,000 won.

5 Do you believe that humans 동[evolution / evolved] from apes?

6 Despite the danger, many tourists went near the 명[volcanic / volcano] to take photos.

7 In this competition, five judges will 동[evaluate / evaluation] your performance.

8 The museum had a free 명[admit / admission] day for kids on Children's Day.

9 The air balloon 동[expanded / expansion] quickly in the heat.

10 Sometimes, I want to 동[declare / declaration] my independence and live alone.

F 밑줄 친 부분과 의미가 비슷한 단어나 표현을 보기 에서 찾아 쓰시오.

보기	keep	effect	erase	decreased	upset
	huge	owns	way	tendencies	proof

1 I saw an <u>enormous</u> dinosaur with its mouth open in the museum. → _____

2 This software can <u>delete</u> all your personal information on the Internet. → _____

3 The car accident had a great <u>impact</u> on her life. → _____

4 Sam got up late so he took the shortest <u>route</u> to school. → _____

5 The beautiful singer gave some tips on how to <u>retain</u> your beauty. → _____

6 The fine dust <u>diminished</u> rapidly after the summer season started. → _____

7 We have good <u>evidence</u> that Sam broke the computer. → _____

8 Following the <u>trends</u> is not always a good idea. → _____

9 Mr. Darcy <u>possesses</u> a wide range of land. → _____

10 The bad attitudes of the waiters <u>offended</u> the customers. → _____

G 밑줄 친 부분이 어법에 맞으면 O, 그렇지 않으면 X를 쓰시오.

1 <u>I got up at dawn</u> to leave for the airport. (   )

2 The teacher <u>criticized the student with cheating</u> the test. (   )

3 My friend Sam <u>is obsessed to the school grades</u>. (   )

4 The winner will be decided <u>at the basis of the last match results</u>. (   )

5 The Republic of Indonesia <u>consists of more than 13,600 islands</u>. (   )

6 <u>Contrary on my expectations</u>, traveling by ship was comfortable. (   )

7 I am going to <u>enroll in the math class</u> at the community center. (   )

8 Can you <u>distinguish Sam with his twin brother John</u>? (   )

9 My grandparents put a strong <u>emphasis to honesty</u>. (   )

10 Most diseases <u>are preceded by certain symptoms</u>. (   )

A 영어단어는 우리말로, 우리말은 영어단어로 바꿔 쓰시오.

1 route		26 그만두다	
2 noble		27 결론을 내다	
3 astonish		28 재	
4 acquire		29 증거	
5 assist		30 섬유, 섬유질	
6 outcome		31 잔인한	
7 contrary		32 보증금	
8 capacity		33 삭제하다	
9 evaluate		34 사다리	
10 collaborate		35 긴급한	
11 handicap		36 제출하다	
12 colleague		37 동시에 발생하다	
13 capable		38 입장, 인정	
14 auction		39 독립	
15 distinguish		40 생생한	
16 definite		41 갱신하다	
17 otherwise		42 선언하다	
18 perspective		43 화산	
19 slight		44 조상	
20 circulate		45 명성	
21 emphasis		46 후자	
22 retain		47 (음식을) 씹다	
23 voyage		48 해외의	
24 loyal		49 (엎드려) 기다	
25 extraordinary		50 농업	

B 우리말과 일치하도록 알맞은 영어단어를 써넣어 문장을 완성하시오.

1 I got up at _____ and prepared for the trip. 나는 새벽에 일어나 여행을 준비했다.

2 Beating is a _____ form of punishment. 때리는 것은 가혹한 벌의 한 형태이다.

3 The man _____ted a second crime. 그 남자는 두 번째 범죄를 저질렀다.

4 The _____ waves swallowed the small boats. 엄청난 파도가 작은 보트를 삼켰다.

5 My older sister is _____ed with her appearance. 내 누나는 외모에 집착한다.

6 The flowers in my garden _____ in spring. 내 정원에 있는 꽃은 봄에 무성하다.

7 Sam _____ed that he liked not me but Jin. Sam은 내가 아닌 Jin을 좋아한다고 고백했다.

8 I _____ed the walnut with a hammer. 나는 망치로 그 호두를 으깼다.

9 We will spend the holiday in a nice _____. 우리는 휴일을 멋진 휴양지에서 보낼 것이다.

10 Children should be taken care of with _____. 아이들은 애정으로 돌봐져야 한다.

11 _____ is essential for building muscles. 단백질은 근육을 생성하는 데 필수적이다.

12 Tom always _____s what he did. Tom은 자신이 한 일에 대해 항상 과장한다.

13 I have an _____ coffee machine at home. 나는 집에 자동 커피 머신이 있다.

14 You have to study English _____ every day. 너는 매일 영어 어휘를 공부해야 해.

15 The _____ use of soap dries your skin. 지나친 비누 사용은 피부를 건조하게 만든다.

16 My homeroom teacher will _____ next year. 우리 담임선생님은 내년에 은퇴하실 것이다.

17 _____ with many people to make friends. 친구를 사귀려면 많은 사람들과 교류하세요.

18 There is a church on a _____ hill. 가파른 언덕 위에 교회가 하나 있다.

19 Sum up your claim to _____ your points. 네 요점을 명확히 하기 위해 주장을 요약하세요.

20 The zookeeper found _____s of the escaped lion. 사육사는 탈출한 사자의 흔적을 발견했다.

21 Book your tickets without any _____ at this site. 이 사이트에서 수수료 없이 표를 예매하세요.

22 The boy grew up to be a _____ lawyer. 그 남자아이는 자라서 유명한 변호사가 되었다.

23 The man overcame many _____s to succeed. 그 남자는 성공하기 위해 많은 장애물을 극복했다.

24 Be careful not to lose your _____. 수하물을 잃어버리지 않도록 주의하세요.

25 Seen from the _____ of the ship, the sunset was great. 배의 갑판에서 본 일몰은 멋졌다.

C 다음 문장에 들어갈 알맞은 단어를 고르시오.

1 Some people who [quit / interact / resemble] celebrities are on this TV show.

2 The patient had an [optimistic / infant / steep] view of the result of her surgery.

3 Roger Federer is already a living tennis [colony / legend / bargain].

4 The witch hid her magic cane in her [independence / cape / commission].

5 [Irony / Commerce / Philosophy] is a commonly used literary technique.

6 I spent all my [definite / apparent / junior] year in the library.

7 I [obsessed / smashed / distinguished] the window to get out of the house on fire.

8 I was happy to [enroll / crush / acquire] in the medical college.

9 The [chaos / congress / label] on your clothes tells you how to wash them.

10 The detective story gave me a [thrill / fiber / evolution] at the climax.

11 Experts [estimated / submitted / diminished] that the fire started in the kitchen.

12 The detective solved many cases using his [proteins / instincts / agendas].

13 We [contrast / envy / assist] Michael for his musical talent.

14 The tourists [committed / detached / cruised] down the river on a dragon boat.

15 After the accident, the patient was [injected / diagnosed / endangered] with depression.

16 I [trimmed / prescribed / enriched] my hair myself, and I messed it up.

17 A genius usually has a(n) [cruel / extraordinary / aggressive] memory.

18 Christmas is probably the most [identical / significant / steady] day to Christians.

19 We rented a nice beach [shift / ash / hut] for the summer holiday.

20 The Portuguese [occupied / astonished / criticized] the island for 10 years until 1622.

21 The homework is to observe every [phase / affection / interval] of the moon.

22 These pants are too tight for me around the [screws / hips / cores].

23 The earthquake caused the old buildings in the city to [generate / input / collapse].

24 Our teacher [devised / clashed / traced] some fun and easy math games.

25 Dogs can hear high-pitched sounds that we can't [perceive / cling / dictate].

정답 p.174

D 다음 문장의 빈칸에 공통으로 들어갈 단어를 고르시오.

1 • As the hill got steeper, the old bus _____ed along more slowly.
  • An insect is _____ing on your back!
  ① contrast ② flourish ③ interact ④ crawl ⑤ impact

2 • My friends _____ me of breaking promises very often.
  • The man is _____ of stealing a woman's bag on the street.
  ① accused ② collaborated ③ exaggerated ④ perceived ⑤ resembled

3 • Women tend to follow the fashion _____ from celebrities.
  • Young people accept new _____ very easily.
  ① commerces ② trends ③ diplomats ④ ancestors ⑤ curves

4 • The restaurant _____d a reputation for outstanding service.
  • A child _____s her language easily in her everyday life.
  ① reside ② cruise ③ collapse ④ dictate ⑤ acquire

5 • I was disappointed at John when he denied his _____ mistake.
  • It is _____ that our team will lose without our best player.
  ① optimistic ② harsh ③ apparent ④ steep ⑤ aggressive

6 • The vampire laughed out loud, revealing his _____ teeth.
  • When you pick roses, be careful of the _____ thorns.
  ① junior ② alternative ③ exotic ④ sharp ⑤ urgent

7 • The success of this project depends on our _____ effort.
  • After I hurt my knee _____, it is painful to walk or run.
  ① rival ② basis ③ joint ④ dignity ⑤ harsh

8 • No two people can have _____ fingerprints.
  • The fan's hairstyle is almost _____ to that of her favorite actress.
  ① definite ② identical ③ tight ④ cruel ⑤ steady

9 • The house _____ of two bedrooms and a bathroom.
  • The woman's diet _____ of vegetables only.
  ① installs ② resides ③ retains ④ trims ⑤ consists

10 • The vaccine injection is free for _____s under 24 months old.
  • When the _____ cries, give her this toy.
  ① infant ② instinct ③ fee ④ outcome ⑤ auction

57

201 bless
[bles]

동 축복하다

blessing 명 축복

➕ bless A with B: A를 B로 축복하다

• We prayed that God would **bless** us with a rich harvest.
우리는 신이 우리에게 풍요로운 수확으로 은혜를 베풀어 달라고 기도했다.

• The Pope _____ed the baby born blind.
교황은 시각 장애로 태어난 아기의 축복을 빌어주었다.

---

202 desire
[dizáiər]

동 바라다 명 욕망

• Mr. Jackson has everything I **desire**.
Jackson 씨는 내가 바라는 모든 것을 갖고 있다.

• I saw a strong _____ for success in his eyes.
나는 그의 눈에서 성공에 대한 강한 욕망을 보았다.

---

203 lawn
[lɔːn]

명 잔디, 잔디밭

• In spring, I get extra allowance by mowing the **lawn**.
봄에 나는 잔디를 깎아서 별도의 용돈을 받는다.

• We lay on the _____ and enjoyed the warm sunlight.
우리는 잔디밭에 누워 따뜻한 햇빛을 즐겼다.

---

204 essence
[ésəns]

명 본질, 핵심

essential 형 본질적인

➕ in essence: 본질적으로

• In **essence**, beauty differs from country to country.
본질적으로 아름다움이란 나라마다 다르다.

• Love is the _____ of a relationship.
사랑은 관계의 핵심이다.

---

205 beam
[biːm]

명 광선, 빛줄기 동 활짝 웃다, 빛을 발하다

• After the rain, **beams** of sunlight came through the clouds.
비가 온 후 햇살이 구름을 통해 비쳤다.

• Everyone at the party was _____ing at each other.
파티에 참석한 모든 사람들이 서로를 보며 활짝 웃고 있었다.

---

206 firm
[fəːrm]

명 회사 형 확고한, 단단한

유 company 회사

• Many foreign investors want to invest in Korean IT **firms**.
많은 외국 투자가들이 한국의 IT 회사에 투자하길 원한다.

• The UFO chasers have a _____ belief in alien life.
UFO를 쫓는 사람들은 외계 생명체에 대한 확고한 믿음을 갖고 있다.

---

207 peer
[piər]

명 또래, 동료

• Teenagers learn to live together by hanging out with their **peers**.
십대들은 또래들과 어울림으로써 함께 사는 법을 배운다.

• I hate to make a mistake in front of my _____s.
나는 동료들 앞에서 실수하기 싫다.

208 faint
[feint]

(형) (빛·소리·냄새 등이) 희미한, 미약한　(동) 기절하다

- As the sun set, the glow in the sky got **fainter**.
  해가 지면서 하늘의 노을은 점점 더 희미해져 갔다.
- My grandpa _____ed due to low blood pressure.
  우리 할아버지는 저혈압으로 인해 졸도하셨다.

209 alert
[ələ́ːrt]

(형) 경계하는　(명) 경보　(동) 경보를 발하다

- Drivers should be **alert** especially when driving in the rain.
  운전자들은 특히 빗속에서 운전할 때 경계해야 한다.
- The government issued an ozone _____ this morning.
  정부는 오늘 아침 오존 경보를 발령했다.

210 security
[sikjú(ː)ərəti]

(명) 보안, 경비　　　　　　　　　　　　　secure (형) 안전한

- No one can enter this area for **security** reasons.
  보안상의 이유로 이 지역에는 아무도 들어갈 수 없다.
- This facility is protected by a strict _____ system.
  이 시설은 엄격한 보안 시스템으로 보호된다.

211 prime
[praim]

(형) 가장 중요한, 최상의, (품질 등이) 최상급의　　　(유) main 주요한

- My **prime** concern now is to enter my dream high school.
  현재 나의 최대 관심사는 내가 꿈꾸는 고등학교에 입학하는 것이다.
- The restaurant is famous for serving _____ quality beef.
  그 식당은 최상급의 소고기를 제공하는 것으로 유명하다.

212 visible
[vízəbl]

(형) 눈에 보이는, 눈에 띄는, 뚜렷한　　　visibility (명) 눈에 보임

- Street cleaners wear clothes that are **visible** in the darkness.
  환경미화원들은 어둠 속에서도 눈에 띄는 옷을 입는다.
- Sam shows _____ nervousness around girls.
  Sam은 여자아이들 주변에 있을 때 눈에 띄는 긴장감을 보인다.

213 innocent
[ínəsənt]

(형) 무죄의, 순진한　　　　　　　　　innocence (명) 결백, 순수

- A further investigation showed that the suspect is **innocent**.
  추가 조사는 그 용의자가 무죄라는 것을 보여주었다.
- Everyone believed the boy who looked _____.
  모든 사람은 순진하게 보이는 그 남자아이를 믿었다.

214 correspond
[kɔ̀(ː)rispánd]

(동) 일치하다, 해당하다, 서신을 주고받다　　correspondence (명) 편지

➕ correspond to ~: ~와 일치하다, ~에 해당하다

- The result of the experiment **corresponds** to what I expected.
  그 실험 결과는 내가 기대했던 것과 일치한다.
- Sam and Jenny have _____ed with each other since last year.
  Sam과 Jenny는 작년부터 서로 편지를 주고받고 있다.

215 linguistic
[liŋgwístik]

(형) 언어학의, 언어적인　　　　　　　linguistics (명) 언어학

- You don't have to know **linguistic** theories to learn a language.
  언어를 배우기 위해 언어학적인 이론을 알 필요는 없다.
- Usually, girls show better _____ abilities than boys.
  보통 여자아이들이 남자아이들보다 더 나은 언어적인 능력을 보인다.

216 portion
[pɔ́ːrʃən]

(명) 일부, 1인분

(유) part 부분

+ a portion of ~: ~의 일부

• I spend a **portion** of my allowance donating to orphans.
나는 내 용돈의 일부를 고아를 위해 기부하는 데 쓴다.

• We cut the pizza into six ____s.
우리는 피자를 6인분으로 잘랐다.

---

217 habitat
[hǽbitæt]

(명) 서식지

• People destroy the **habitats** of wildlife by cutting down trees.
사람들은 나무를 잘라냄으로써 야생 동물의 서식지를 파괴한다.

• The polar bear's natural ____ is melting away.
북극곰의 자연 서식지가 녹아 없어지고 있다.

---

218 enhance
[inhǽns]

(동) (가치·지위·정도 등을) 강화하다, 향상시키다

• We hired more guards to **enhance** the security of this building.
우리는 이 건물의 보안을 강화하기 위해 더 많은 경비원을 고용했다.

• Some foods, like garlic, ____ our immune system.
마늘과 같은 몇몇 음식들은 우리의 면역 체계를 향상시킨다.

---

219 irritate
[íritèit]

(동) 짜증나게 하다, (피부 등을) 자극하다   irritation (명) 짜증, 자극   (유) annoy 짜증나게 하다

• Please, stop whining. It really **irritates** me.
제발 징징대지 마. 정말 나를 짜증나게 만들어.

• The new soap ____d my skin so I threw it away.
새 비누가 내 피부를 자극해서 나는 그것을 버렸다.

---

220 prompt
[prɑmpt]

(동) 촉구하다 (형) 즉각적인, 재빠른

promptly (부) 즉각적으로

+ prompt A to+동사원형: A가 ~하도록 촉구하다

• The citizens **prompted** the corrupt mayor to quit his job.
시민들은 그 부패한 시장이 사직하도록 촉구했다.

• Give a ____ response to any customer's complaint.
어떤 고객의 불평이든 즉각적인 조치를 취하세요.

Check Up 정답 p. 175

Ⓐ 다음 영어단어의 우리말을 쓰시오.

1 firm _____ 2 essence _____

3 innocent _____ 4 linguistic _____

5 lawn _____ 6 habitat _____

7 peer _____ 8 correspond _____

B 다음 영어단어와 비슷한 의미를 가진 것을 보기 에서 찾아 쓰시오.

1 irritate → _____

2 prime → _____

3 firm → _____

보기   **company**
      annoy
      main

C 우리말과 일치하도록 알맞은 영어단어를 써넣어 문장을 완성하시오.

1 Street cleaners wear clothes that are _____ in the darkness.
환경미화원들은 어둠 속에서도 눈에 띄는 옷을 입는다.

2 After the rain, _____s of sunlight came through the clouds.
비가 온 후 햇살이 구름을 통해 비쳤다.

3 My grandpa _____ed due to low blood pressure.
우리 할아버지는 저혈압으로 인해 졸도하셨다.

4 The citizens _____ed the corrupt mayor to quit his job.
시민들은 그 부패한 시장이 사직하도록 촉구했다.

5 I saw a strong _____ for success in his eyes.
나는 그의 눈에서 성공에 대한 강한 욕망을 보았다.

6 We hired more guards to _____ the security of this building.
우리는 이 건물의 보안을 강화하기 위해 더 많은 경비원을 고용했다.

7 Drivers should be _____ especially when driving in the rain.
운전자들은 특히 빗속에서 운전할 때 경계해야 한다.

8 The restaurant is famous for serving _____ quality beef.
그 식당은 최상급의 소고기를 제공하는 것으로 유명하다.

9 No one can enter this area for _____ reasons.
보안상의 이유로 아무도 이 지역에는 들어갈 수 없다.

10 Please, stop whining. It really _____s me.
제발 징징대지 마. 정말 나를 짜증나게 만들어.

D 밑줄 친 부분을 바르게 고쳐 문장을 다시 쓰시오.

1 We prayed that God would bless us at a rich harvest.

→ _____

2 I spend a portion with my allowance donating to orphans.

→ _____

15

---

221 gaze
[geiz]

동 (가만히) 바라보다 명 시선, 응시

유 stare 응시하다

+ gaze at ~: ~을 응시하다

- The innocent kid **gazed** at the moon to find the rabbit there.
  그 순진한 아이는 달에 있는 토끼를 찾으려고 달을 바라보았다.
- I looked away to avoid Mom's angry   .
  나는 엄마의 화난 시선을 피하려고 눈길을 돌렸다.

---

222 dip
[dip]

동 잠깐 담그다

- I like to **dip** cookies into my coffee while I drink it.
  나는 커피를 마시면서 쿠키를 커피에 살짝 찍어 먹는 것을 좋아한다.
-                the vegetables in warm water before eating them.
  야채를 먹기 전에 야채를 따뜻한 물에 잠깐 담그세요.

---

223 leap
[li:p]

동 (높이) 뛰어 오르다

- The horses, frightened by the lightening, **leaped** over the fence.
  번개에 놀란 말들이 담장을 뛰어 넘었다.
- At 9, Sam   ed out of his bed and hurried to school.
  9시에 Sam은 침대에서 벌떡 일어나 서둘러 학교에 갔다.

---

224 sex
[seks]

명 성, 성별

- We prefer to use the word gender to **sex** in official documents.
  우리는 공식문서에서 sex라는 단어보다 gender라는 단어를 쓰는 것을 선호한다.
- Teenagers are curious about the opposite   .
  십대들은 이성에 호기심이 있다.

---

225 chairman
[tʃɛ́ərmən]

명 (회의·위원회 등의) 의장, 회장

- Mr. Darcy is the **chairman** of the special committee.
  Darcy 씨는 그 특별 위원회의 의장이다.
- The   of the company will make a New Year's speech.
  그 회사의 회장이 신년사를 할 것이다.

---

226 credit
[krédit]

명 신용, (대학의) 학점

- Due to his unpredictable behavior, John deserves no **credit**.
  예측 불가능한 행동으로 인해 John은 신뢰할 수 없다.
- I don't have enough   s to graduate.
  나는 졸업하기에 충분한 학점을 취득하지 못했다.

---

227 pray
[prei]

동 기도하다, 기원하다

prayer 명 기도

- The father whose kid is in the hospital **prayed** for his health.
  아이가 병원에 입원한 아버지는 아들의 건강을 빌었다.

+ pray that ~: ~하기를 간절히 바라다

- I   ed that no one would get hurt during the trip.
  나는 여행 동안 아무도 다치지 않기를 간절히 바랐다.

228 flaw
[flɔː]

명 결점, 흠   flawed 형 결점 있는   flawless 형 결점 없는

- A true friend will understand your **flaws** instead of trying to fix them.
  진정한 친구는 네 결점을 고치려고 하기보다 그것들을 이해할 것이다.
- The item I ordered online came with many   s.
  내가 온라인으로 주문한 물건은 흠이 있는 상태로 왔다.

229 ambition
[æmbíʃən]

명 야망, 포부   ambitious 형 야심적인

- Mr. Darcy has revealed his political **ambitions**.
  Darcy 씨는 자신의 정치적 야심을 드러냈다.
- ✚ ambition to+동사원형: ~하고자 하는 포부
- I told my parents about my   to be an actor.
  나는 부모님께 배우가 되고자 하는 나의 포부를 밝혔다.

230 broad
[brɔːd]

형 폭이 넓은, 전반적인   유 wide 폭이 넓은

- The city built a bridge over the **broad** river.
  그 도시는 폭이 넓은 강 위를 지나는 다리를 건설했다.
- This book gave me a   knowledge of economics.
  이 책은 경제학에 대한 전반적인 지식을 준다.

231 reform
[rifɔ́ːrm]

동 개혁하다, 개선하다   명 개혁, 개선

- It is time to **reform** our educational system to satisfy the students.
  학생들을 만족시키기 위해 우리의 교육 제도를 개혁할 때이다.
- The minister suggested a plan for economic   .
  그 장관은 경제 개혁을 위한 계획을 제안했다.

232 wander
[wάndər]

동 (이리저리 천천히) 거닐다, 돌아다니다

- The park is a nice place to **wander** around and relax.
  그 공원은 이곳저곳 거닐며 긴장을 풀기에 좋은 장소이다.
- I felt so stressed that I just   ed here and there for a while.
  나는 무척 스트레스를 받아서 잠깐 그냥 여기저기 돌아다녔다.

233 permanent
[pə́ːrmənənt]

형 영구적인   permanence 명 영속   반 temporary 일시적인

- My kid lost his baby teeth. Now I can see some **permanent** teeth.
  나의 아이는 젖니가 빠졌다. 이제 영구치가 몇 개 보인다.
- My native English teacher got a   visa for Korea.
  우리 원어민 영어 선생님은 한국의 영주권을 받았다.

234 crisp
[krisp]

형 (음식물 등이) 아삭아삭한/바삭바삭한   유 crispy 바삭바삭한

- Mom put the **crisp** fruit salad in a large bowl for breakfast.
  엄마는 아침 식사용으로 커다란 그릇에 아삭아삭한 과일 샐러드를 담으셨다.
- I'm eager to eat some   cookies.
  나는 바삭바삭한 쿠키가 매우 먹고 싶다.

235 presence
[prézəns]

명 존재함, 참석   present 형 참석한

- Tom is so shy that no one seems to notice his **presence** in class.
  Tom은 부끄럼을 많이 타서 반에서 아무도 그의 존재를 알아차리지 못하는 것 같다.
- The singer's   at the concert attracted more people.
  그 콘서트에서 그 가수의 존재는 더 많은 사람들을 끌어들였다.

236 **maintenance** ⑲ (지속적 점검을 하는) 유지, 관리   maintain ⑧유지하다
[méintənəns]
- The **maintenance** of peace is the top priority of the U.N.
  평화의 유지는 국제연합의 최우선 사항이다.
- Old buildings require constant _____.
  낡은 건물들은 지속적인 관리를 필요로 한다.

237 **access** ⑲ 접근, 이용할 수 있는 기회
[ǽkses]
- The **access** to personal information should be limited.
  개인 정보에 대한 접근은 제한되어야 한다.
  ✚ have access to ~: ~에 접근하다, ~을 이용할 수 있다
- Everyone should have _____ to a good education.
  모든 사람이 좋은 교육을 접할 수 있어야 한다.

238 **enterprise** ⑲ 기업, 사업
[éntərpràiz]
- Good communication is the key to the success of any **enterprise**.
  원활한 의사소통은 사업 성공의 비결이다.
- Both of my parents work for a small-sized _____.
  나의 부모님 두 분 모두 소규모 회사에서 일하신다.

239 **imply** ⑧ (뜻을) 함축/내포하다, 암시하다   implication ⑲함축, 암시
[implái]
  ✚ imply that ~: ~을 내포/암시하다
- Smiling is likely to **imply** that you are happy.
  미소 짓는다는 것은 당신이 즐겁다는 것을 내포할 수 있다.
- Does your kindness _____ that I still look like a child?
  당신의 친절은 제가 아직도 아이처럼 보인다는 것을 암시하나요?

240 **psychology** ⑲ 심리학, 심리
[saikálədʒi]
- Today, color **psychology** is widely used in advertising.
  오늘날 색채 심리학이 광고에서 널리 사용된다.
- A teenager's _____ is as complicated as an adult's.
  십대의 심리는 성인의 심리만큼 복잡하다.

Check Up 정답 p.175

Ⓐ 다음 영어단어의 우리말을 쓰시오.

1 presence	_____	2 flaw	_____
3 dip	_____	4 permanent	_____
5 wander	_____	6 enterprise	_____
7 psychology	_____	8 chairman	_____

B 다음 영어단어와 비슷한 의미를 가진 것을 보기 에서 찾아 쓰시오.

1 broad → _____

2 gaze → _____

3 crisp → _____

보기 stare
      crispy
      wide

C 우리말과 일치하도록 알맞은 영어단어를 써넣어 문장을 완성하시오.

1 Mr. Darcy has revealed his political _____s.
Darcy 씨는 자신의 정치적 <u>야심을</u> 드러냈다.

2 The horses, frightened by the lightening, _____ed over the fence.
번개에 놀란 말들이 담장을 <u>뛰어 넘었다.</u>

3 Teenagers are curious about the opposite _____.
십대들은 <u>이성에</u> 호기심이 있다.

4 Smiling is likely to _____ that you are happy.
미소 짓는다는 것은 당신이 즐겁다는 것을 <u>내포할</u> 수 있다.

5 Due to his unpredictable behavior, John deserves no _____.
예측 불가능한 행동으로 인해 John은 <u>신뢰할</u> 수 없다.

6 The minister suggested a plan for economic _____.
그 장관은 경제 <u>개혁을</u> 위한 계획을 제안했다.

7 I'm eager to eat some _____ cookies.
나는 <u>바삭바삭한</u> 쿠키가 매우 먹고 싶다.

8 I looked away to avoid Mom's angry _____.
나는 엄마의 화난 <u>시선을</u> 피하려고 눈길을 돌렸다.

9 Old buildings require constant _____.
낡은 건물들은 지속적인 <u>관리를</u> 필요로 한다.

10 The city built a bridge over the _____ river.
그 도시는 <u>폭이 넓은</u> 강 위를 지나는 다리를 건설했다.

D 밑줄 친 부분을 바르게 고쳐 문장을 다시 쓰시오.

1 Everyone should <u>have access for</u> a good education.

→ _____

2 I <u>prayed to</u> no one would get hurt during the trip.

→ _____

Lesson

13

241 breast
[brest]

명 가슴, 흉부, 가슴살
- **Breast** milk is known to be much better than cow's milk for babies.
  모유는 젖소의 우유보다 아기들에게 훨씬 좋다고 알려져 있다.
- Dieters eat chicken　　　　s to take in protein.
  다이어트를 하는 사람들은 단백질을 섭취하기 위해 닭가슴살을 먹는다.

242 drag
[dræg]

동 (힘들게) 끌고 가다, 질질 끌다
- The woman **dragged** her crying son out of the store.
  그 여자는 우는 아들을 가게 밖으로 끌고 갔다.
- Don't　　　　the furniture when you move it.
  가구를 옮길 때 질질 끌지 마세요.

243 log
[lɔ(:)g]

명 통나무　동 접속하다
- The students stood around a pile of **logs** at the campfire.
  학생들은 캠프파이어에서 통나무 더미 주위로 둘러섰다.
- Click the icon, and you will　　　　on to the site.
  그 아이콘을 클릭하세요. 그러면 그 사이트에 접속할 것입니다.

244 rob
[rab]

동 빼앗다, 강탈하다　　　　　　　　robbery 명 강도질
+ rob A of B: A에게서 B를 빼앗다
- A man in a mask **robbed** me of my purse in the dark alley.
  가면을 쓴 한 남자가 어두운 골목길에서 내 지갑을 빼앗았다.
- My house was　　　　bed last night while we were out.
  어젯밤에 우리가 외출한 사이에 집에 도둑이 들었다.

245 counsel
[káunsəl]

동 권하다　명 조언, 상의　　　　　유 advice 조언
+ counsel A to+동사원형: A에게 ~하라고 권하다
- I was **counseled** to avoid a hasty decision on my career choice.
  나는 진로 선택에 있어 성급한 결정을 피하라고 조언을 받았다.
- Some people only ask for　　　　from experienced elders.
  경험이 많은 어른들에게만 조언을 요청하는 사람들도 있다.

246 criminal
[krímənəl]

형 범죄의　명 범죄자　　　　　crime 명 범죄
- We must report to the police when we see a **criminal** act.
  범죄 행위를 보면 경찰에 신고해야 한다.
- Fingerprints are used to identify　　　　s.
  지문은 범죄자들의 신원을 밝히는 데 사용된다.

247 propose
[prəpóuz]

동 제안하다, 청혼하다　　proposal 명 제안, 청혼　유 suggest 제안하다
+ propose that ~: ~할 것을 제안하다
- The students **proposed** that the cafeteria change the lunch menu.
  그 학생들은 학교 식당이 점심 메뉴를 바꿔줄 것을 제안했다.
- My dad told me how my mom　　　　d to him.
  우리 아빠는 엄마가 아빠에게 어떻게 청혼했는지 말씀해 주셨다.

248 **furious**
[fjú(:)əriəs]

(형) 몹시 화가 난, 맹렬한

fury (명) 격노   (유) raging 맹렬한

- Mom was **furious** when Dad lost his wedding ring.
  엄마는 아빠가 결혼반지를 잃어버렸을 때 노발대발하셨다.
- The _____ storm swept through the village overnight.
  그 맹렬한 폭풍은 하룻밤에 그 마을 전체를 휩쓸었다.

---

249 **assess**
[əsés]

(동) (가치·양·자질 등을) 평가하다, 가늠하다

assessment (명) 평가

- The judges will **assess** your English skills.
  심사위원들이 당신의 영어 실력을 평가할 것입니다.
- It is too early to _____ the effects of the new system.
  그 새 제도의 효과를 가늠하기에는 너무 이르다.

---

250 **genuine**
[dʒénjuin]

(형) 진짜의, 진실한

- Is the diamond necklace a **genuine** or fake one?
  그 다이아몬드 목걸이는 진품인가요 아니면 모조품인가요?
- The mayor's _____ apology made the victims smile.
  시장의 진심 어린 사과가 희생자들을 미소 짓게 만들었다.

---

251 **refund**
[rí:fʌnd]

(명) 환불   (동) 환불하다 [rifʌnd]

- The company will offer you a **refund** for the damaged product.
  그 회사는 손상을 입은 제품에 대해 환불해 줄 것이다.
- The deposit will be _____ ed upon your departure.
  보증금은 당신이 떠날 때 반환될 것입니다.

---

252 **council**
[káunsəl]

(명) 의회, 이사회

- The student **council** ran an anti-smoking campaign today.
  학생회는 오늘 금연 캠페인을 벌였다.
- The city _____ financially supports the local markets.
  시의회는 지역 시장을 금전적으로 지원한다.

---

253 **precise**
[prisáis]

(형) 정확한, 딱 들어맞는, 바로 그

(유) exact 정확한

+ to be precise: 정확하게 말하자면

- The teacher came from the U.K.; to be **precise**, from London.
  그 선생님은 영국, 정확히 말해 런던 출신이다.
- I got off the bus at the _____ moment of the explosion.
  나는 폭발의 바로 그 순간에 버스에서 내렸다.

---

254 **decent**
[dí:sənt]

(형) (수준·질이) 괜찮은, 예의 바른

- When I was in Paris, I wished to have a **decent** Korean meal.
  내가 파리에 있었을 때 나는 제대로 된 한국 식사를 해보길 소망했다.
- Mr. Rogers is one of my most _____, hardworking colleagues.
  Rogers 씨는 가장 예의 바르고 열심히 일하는 내 동료 중의 한 명이다.

---

255 **prospect**
[práspekt]

(명) (성공·장래에 대한) 전망, 예상

(유) likelihood 가망

- The man had bright **prospects** before he was involved in the crime.
  그 남자는 범죄와 연루되기 전에 밝은 전망을 갖고 있었다.
- The rain brightened the _____ of good harvest.
  그 비는 풍작의 가능성을 밝게 했다.

256 majority
[mədʒɔ́(:)rəti]

(명) 다수, 대다수   (반) minority 소수

- The **majority** supports banning cellphone use while driving.
  대다수는 운전 중에 휴대전화 사용을 금하는 것을 지지한다.

  ✚ a majority of ~: 다수의 ~

- A   of people have access to the Internet.
  대다수의 사람들은 인터넷을 이용할 수 있다.

---

257 accomplish
[əkámpliʃ]

(동) 달성하다, 성취하다   accomplishment (명) 성취   (유) achieve

- Good health is necessary to **accomplish** your goals.
  좋은 건강은 당신의 목표를 달성하기 위해 필요하다.

- The orphan's wish to see his parents was   ed.
  자신의 부모님을 만나고자 하는 그 고아의 소원이 성취되었다.

---

258 compel
[kəmpél]

(동) 강요하다, ~하지 않을 수 없다   compelling (형) 강력한   (유) force 강요하다

  ✚ compel A to+동사원형: A가 ~하도록 강요하다

- The detective **compelled** the suspect to confess.
  그 형사는 용의자가 자백하도록 강요했다.

- Korean men are   led by law to serve in the army.
  한국 남자들은 법에 의해 군대에서 복무해야 한다.

---

259 incentive
[inséntiv]

(명) (~을 하게 하는) 포상, 장려/격려

- The trip abroad is an **incentive** to be the employee of the year.
  그 해외 여행은 그 해의 최고의 사원에게 주는 포상이다.

- Prizes can be   s for a better performance.
  상은 더 나은 성과를 위한 장려책이 될 수 있다.

---

260 rational
[ræʃənəl]

(형) 합리적인, 이성적인

- The principal solves the conflicts at school in a **rational** way.
  그 교장 선생님은 학교에서 일어나는 갈등을 합리적인 방법으로 해결한다.

- Man is a   as well as emotional being.
  인간은 감정적일 뿐만 아니라 이성적인 존재이기도 하다.

Check Up   정답 p.176

Ⓐ 다음 영어단어의 우리말을 쓰시오.

1 log   2 prospect

3 rational   4 assess

5 accomplish   6 majority

7 propose   8 counsel

B 다음 영어단어와 비슷한 의미를 가진 것을 보기 에서 찾아 쓰시오.

1 precise   → _____

2 counsel   → _____

3 accomplish   → _____

보기   **exact**
           achieve
           advice

C 우리말과 일치하도록 알맞은 영어단어를 써넣어 문장을 완성하시오.

1 Is the diamond necklace a _____ or fake one?
그 다이아몬드 목걸이는 진품인가요 아니면 모조품인가요?

2 Don't _____ the furniture when you move it.
가구를 옮길 때 질질 끌지 마세요.

3 When I was in Paris, I wished to have a _____ Korean meal.
내가 파리에 있었을 때 나는 제대로 된 한국 식사를 해보길 소망했다.

4 Mom was _____ when Dad lost his wedding ring.
엄마는 아빠가 결혼반지를 잃어버렸을 때 노발대발하셨다.

5 Prizes can be _____s for a better performance.
상은 더 나은 성과를 위한 장려책이 될 수 있다.

6 Dieters eat chicken _____s to take in protein.
다이어트를 하는 사람들은 단백질을 섭취하기 위해 닭가슴살을 먹는다.

7 The student _____ ran an anti-smoking campaign today.
학생회는 오늘 금연 캠페인을 벌였다.

8 My house was _____bed last night while we were out.
어젯밤에 우리가 외출한 사이에 집에 도둑이 들었다.

9 The company will offer you a _____ for the damaged product.
그 회사는 손상을 입은 제품에 대해 환불해 줄 것이다.

10 Fingerprints are used to identify _____s.
지문은 범죄자들의 신원을 밝히는 데 사용된다.

D 밑줄 친 부분을 바르게 고쳐 문장을 다시 쓰시오.

1 The teacher came from the U.K.; so be precise, from London.

→ _____

2 The detective compelled the suspect to confessing.

→ _____

261 **breeze**
[briːz]

몡 산들바람, 미풍

- After the hot summer, fall arrived with a cool **breeze**.
  무더운 여름이 지나가고 시원한 산들바람과 함께 가을이 왔다.
- There is usually a cool _____ here in the evening.
  저녁에 여기에는 보통 시원한 미풍이 분다.

262 **dramatic**
[drəmǽtik]

휑 (변화·사건 등이) 극적인, 연극의

- Moviemakers are looking for **dramatic** stories to make hit movies.
  영화제작자들은 흥행 영화를 만들기 위해 극적인 이야기를 찾고 있다.
- The actor wants to study _____ art in London.
  그 배우는 런던에서 극예술에 대해 공부하고 싶어 한다.

263 **loose**
[luːs]

휑 (묶이지 않고) 풀린, 헐거워진, 헐렁한   반 tight

- Surprisingly, cows are **loose** on the street even in New Delhi.
  놀랍게도 소들은 심지어 뉴델리에서도 길거리에 풀려 돌아다닌다.
- I'm looking for a _____ shirt to wear at home.
  저는 집에서 입을 헐렁한 셔츠를 찾고 있어요.

264 **shave**
[ʃeiv]

동 (수염·털 등을) 깎다

- When I turned 14, my dad taught me how to **shave** myself.
  내가 14살이 되었을 때, 우리 아빠는 나에게 면도하는 법을 가르쳐 주었다.
- I can _____ my dog by myself.
  나는 혼자서 나의 개의 털을 깎을 수 있다.

265 **ruin**
[rú(ː)in]

동 엉망으로 만들다, 붕괴시키다   유 destroy 붕괴시키다

- My cat **ruined** my drawing by stepping on it.
  나의 고양이가 내 그림을 밟아 그것을 엉망으로 만들었다.
- More than 20% of the Amazon rainforest has been _____ed.
  아마존 열대 우림의 20% 이상이 파괴되었다.

266 **defeat**
[difíːt]

동 패배시키다, 좌절시키다   몡 패배   유 beat 패배시키다

- Google's Alphago **defeated** Lee Sedol in a five-game Go match.
  다섯 판의 바둑 시합에서 구글의 알파고가 이세돌을 물리쳤다.
- Despite the judging errors, the player accepted his _____.
  오심에도 불구하고 그 선수는 자신의 패배를 받아들였다.

267 **subscribe**
[səbskráib]

동 (신문 등을) 구독하다, (유료 회원으로) 가입하다   subscription 몡 구독

➕ subscribe to ~: ~을 구독하다

- The library **subscribes** to English newspapers for students.
  그 도서관은 학생들을 위해 영자 신문을 구독한다.
- My family _____d to a few movie channels.
  우리 가족은 몇몇 영화 채널에 가입했다.

268 horizon
[həráizən]

(명) 수평선, 지평선, 시야

- I'm waiting to see the New Year's sun rise over the **horizon**.
  나는 새해의 태양이 수평선 위로 떠오르는 것을 보려고 기다리고 있다.
- My dad encourages me to travel and broaden my　　　　　s.
  우리 아빠는 나에게 여행을 해서 시야를 넓히라고 권하신다.

---

269 burden
[bə́:rdən]

(명) 짐, 부담　　　　　　　　　　　　　　　burdensome (형) 부담스러운

- Every climber is responsible for his or her own **burdens**.
  모든 등반가들은 자기 자신의 짐에 대해 책임을 져야 한다.
- All the tests can be a huge　　　　　to some students.
  모든 시험은 어떤 학생들에게는 엄청난 부담이다.

---

270 discipline
[dísəplin]

(명) 훈련, 훈육　　(동) 단련하다, 훈육하다

- Strict **discipline** tends to make students passive.
  엄격한 훈육은 학생들을 수동적으로 만드는 경향이 있다.
- The athletes　　　　　d themselves to win the gold medal.
  그 운동선수들은 금메달을 따기 위해 스스로를 단련시켰다.

---

271 reverse
[rivə́:rs]

(형) 반대의, 거꾸로 된　(동) 뒤집다, 반전시키다　　　(유) opposite 반대의

- Lost in the desert, the man was going in the **reverse** direction.
  사막에서 길을 잃어 그 남자는 반대 방향으로 가고 있었다.
- My dad　　　　　d his decision to retire early.
  우리 아빠는 일찍 은퇴하려 했던 결심을 뒤집으셨다.

---

272 reject
[ridʒékt]

(동) 거부하다, 거절하다　　　rejection (명) 거부, 거절　(유) refuse 거절하다

- The ATM **rejected** my card because it had expired.
  내 카드는 유효기간이 지나서 ATM(현금인출기)이 받아들이지 않았다.
- Jin　　　　　ed my offer to be my teammate.
  Jin은 같은 팀을 하자는 내 제안을 거절했다.

---

273 moisture
[mɔ́istʃər]

(명) 습기, 수분　　　　　　　　　　moisturize (동) 수분을 제공하다

- Hang wet towels in your room to add **moisture** to the air.
  방에 습기를 더하려면 젖은 수건을 걸어놓으세요.
- Keep the　　　　　in your skin to avoid itching.
  가려움을 피하려면 피부에 수분을 유지하세요.

---

274 accommodate
[əkámədèit]

(동) 수용하다　　　　　　　　　　accommodation (명) 숙박

- The youth training center **accommodates** up to 500 students.
  그 청소년 수련시설은 500명의 학생까지 수용한다.
- The cruise ship can　　　　　over 300 people.
  그 유람선은 300명 이상의 사람을 태울 수 있다.

---

275 vanish
[vǽniʃ]

(동) 사라지다, 자취를 감추다　　　　　　　　(유) disappear

- The magician clapped his hands, and the necklace **vanished**.
  그 마술사가 박수를 치자 그 목걸이는 사라졌다.
- The bank guard　　　　　ed with one million dollars.
  그 은행 경비원은 백만 달러와 함께 자취를 감추었다.

276 sympathy
[símpəθi]

(명) 동정, 지지/동조

sympathize (동) 동정하다

- We felt a deep **sympathy** for the families of the victims.
  우리는 희생자 가족에 대해 깊은 동정을 느꼈다.
- I have no _____ for people who hurt others.
  나는 다른 사람을 다치게 하는 사람들을 지지하지 않는다.

---

277 bias
[báiəs]

(명) 편견

(유) prejudice

➕ bias against/for ~: ~에 대한 편견/편애

- Some elderly people still have a strong **bias** against women.
  어떤 노인들은 여전히 여성에 대한 강한 편견을 갖고 있다.
- Is there anyone who is free from any _____?
  편견에서 자유로울 수 있는 사람이 있을까요?

---

278 complement
[kámpləmənt]

(명) (완전함을 위해) 보완해 주는 것 (동) 보완하다, 완전하게 하다

- Lively music is a perfect **complement** to the holiday party.
  활기찬 음악은 휴일 파티를 완벽하게 보완해 준다.
- The husband and wife _____ each other well.
  그 남편과 아내는 서로를 잘 보완한다.

---

279 inhabit
[inhǽbit]

(동) (특정 지역에) 서식하다, 거주하다

inhabitant (명) 주민

- About 120 Bengal tigers **inhabit** four protected areas of Nepal.
  약 120마리의 벵갈 호랑이들은 네팔의 네 개의 보호 지역에서 서식한다.
- The Maori tribe _____s a small village in New Zealand.
  마오리족은 뉴질랜드에 있는 작은 마을에 거주한다.

---

280 resolve
[rizálv]

(동) 해결하다, 결심하다

resolution (동) 결심, 해결

- This meeting is to **resolve** the noise problems from our neighbors.
  이 회의는 이웃간의 소음 문제를 해결하기 위한 것이다.

➕ resolve to+동사원형: ~하기로 결심하다

- The suspect _____d to tell everything about the crime.
  그 용의자는 그 범죄에 대한 모든 것을 말하기로 결심했다.

Check Up 정답 p.176

🅐 다음 영어단어의 우리말을 쓰시오.

1 reject _____

2 inhabit _____

3 breeze _____

4 moisture _____

5 burden _____

6 bias _____

7 accommodate _____

8 reverse _____

B 다음 영어단어와 비슷한 의미를 가진 것을 [보기]에서 찾아 쓰시오.

1 vanish → _____

2 reverse → _____

3 ruin → _____

[보기] opposite
disappear
destroy

C 우리말과 일치하도록 알맞은 영어단어를 써넣어 문장을 완성하시오.

1 I'm waiting to see the New Year's sun rise over the _____.
나는 새해 태양이 <u>수평선</u> 위로 떠오르는 것을 보려고 기다리고 있다.

2 Moviemakers are looking for _____ stories to make hit movies.
영화제작자들은 흥행 영화를 만들기 위해 <u>극적인</u> 이야기를 찾고 있다.

3 Lively music is a perfect _____ to the holiday party.
활기찬 음악은 휴일 파티를 완벽하게 <u>보완해</u> 준다.

4 I'm looking for a _____ shirt to wear at home.
저는 집에서 입을 <u>헐렁한</u> 셔츠를 찾고 있어요.

5 We felt a deep _____ for the families of the victims.
우리는 희생자 가족에 대해 깊은 <u>동정을</u> 느꼈다.

6 Despite the judging errors, the player accepted his _____.
오심에도 불구하고 그 선수는 자신의 <u>패배를</u> 받아들였다.

7 Strict _____ tends to make students passive.
엄격한 <u>훈육은</u> 학생들을 수동적이게 만드는 경향이 있다.

8 The magician clapped his hands, and the necklace _____ed.
그 마술사가 박수를 치자 그 목걸이는 <u>사라졌다.</u>

9 I can _____ my dog by myself.
나는 혼자서 나의 개의 털을 <u>깎을</u> 수 있다.

10 My cat _____ed my drawing by stepping on it.
나의 고양이가 내 그림을 밟아 그것을 <u>엉망으로</u> 만들었다.

D 밑줄 친 부분을 바르게 고쳐 문장을 다시 쓰시오.

1 The library <u>subscribes with English newspapers</u> for students.

→ _____

2 The suspect <u>resolved to telling</u> everything about the crime.

→ _____

281 competitive ⑧ 경쟁적인, 경쟁을 하는

[kəmpétitiv]

competition ⑲ 경쟁

- The students became more **competitive** to win the game.
  그 학생들은 경기에서 이기기 위해 경쟁심이 붙었다.
- _____ sports like soccer are fun to watch.
  축구와 같이 경쟁을 하는 스포츠는 관람하기에 재미있다.

282 eyebrow ⑲ 눈썹

[áibràu]

- When the door slammed shut, I raised my **eyebrows** in surprise.
  문이 꽝 하고 닫혔을 때 나는 깜짝 놀라 눈썹을 치켜 세웠다.
- The white-haired professor even had white _____s.
  그 머리가 흰 교수는 심지어 눈썹도 하얬다.

283 nonsense ⑲ 말도 안 되는 소리/짓/생각

[nánsèns]

- The claim that Dokdo belongs to Japan is **nonsense**.
  독도가 일본 것이라는 주장은 말도 안 되는 소리이다.
- Don't make fun of me anymore with your _____ !
  말도 안 되는 짓으로 더 이상 나를 웃음거리로 만들지 마!

284 stock ⑲ 재고, 주식

[stɑk]

✚ out of stock: 재고가 없는, 품절인

- The celebrity's first book is already out of **stock**.
  그 유명인의 첫 번째 책은 이미 품절이다.
- My uncle invested half of his savings in _____s.
  우리 삼촌은 저축한 돈의 절반을 주식에 투자하셨다.

285 dash ⑧ 돌진하다, 때려 부수다 ⑲ 돌진, 단거리 경주   ㈜ rush 돌진하다

[dæʃ]

- The car slipped on the icy road and **dashed** into the street.
  그 차는 얼어붙은 도로에서 미끄러져 거리로 돌진했다.
- Joe holds the school record for the 100 meter _____ .
  Joe는 100미터 달리기에서 학교 기록을 보유하고 있다.

286 gene ⑲ 유전자

[dʒiːn]

- The **genes** from your parents determine your blood type.
  부모에게서 받는 유전자가 당신의 혈액형을 결정한다.
- _____s affect your personality.
  유전자는 당신의 성격에 영향을 미친다.

287 rely ⑧ 의존하다, 의지하다   ㈜ depend

[rilái]

✚ rely on: ~에 의존하다/의지하다

- Unlike animals, we **rely** on our parents until we grow up.
  동물과 달리 우리는 자랄 때까지 부모님에게 의존한다.
- You are the only person I can _____ on.
  너는 내가 의지할 수 있는 유일한 사람이야.

288 **imaginary**
[imǽdʒənèri]

(형) 상상의, 가상의   imagine (동) 상상하다   (반) real 실제의

- There is an **imaginary** creature like a dragon in every culture.
  모든 문화에는 용과 같은 상상의 생명체가 있다.
- As a child, I had an _____ friend I called "Space Boy."
  어렸을 때 나는 내가 '우주 소년'이라고 불렀던 가상의 친구가 있었다.

---

289 **candidate**
[kǽndidèit]

(명) (선거·일자리·상) 후보자, 지원자

- The **candidates** for mayor will make a speech one by one.
  시장 후보자들은 한 명씩 연설을 할 것이다.
- There are five _____ s in this presidential election.
  이번 대통령 선거에는 5명의 후보자가 있다.

---

290 **initial**
[iníʃəl]

(형) 초기의   (명) (이름의) 첫 글자, 이니셜

- South Korea's satellite launch failed in the **initial** stages.
  한국의 위성 발사는 초기 단계에서 실패했다.
- What do the _____ s DNA stand for?
  이니셜 DNA는 무엇을 나타내나요?

---

291 **sensible**
[sénsəbl]

(형) 분별력이 있는, 현명한

- We were **sensible** enough to stop arguing in front of others.
  우리는 다른 사람들 앞에서 말다툼을 멈출 정도의 분별력은 있었다.
- What Jin said sounded very _____ to me.
  Jin이 말한 것은 내게 매우 현명해 보였어.

---

292 **verbal**
[vɜ́:rbəl]

(형) 말의, 구두의   verbalize (동) 말로 표현하다

- I improved my **verbal** skills through debate and discussion.
  나는 토론과 토의를 통해 말하는 기술을 향상시켰다.
- The player made a _____ agreement to join the team.
  그 선수는 그 팀에 가겠다고 구두 합의를 했다.

---

293 **sensation**
[senséiʃən]

(명) 감각, 센세이션/돌풍   sensational (형) 선풍적인   (유) sense 감각

- When I woke up from the surgery, I felt no **sensation** at all.
  수술에서 깨어났을 때 나는 어떠한 감각도 전혀 느낄 수 없었다.
- His dance moves created a worldwide _____ .
  그의 춤 동작은 세계적인 돌풍을 일으켰다.

---

294 **adjust**
[ədʒʌ́st]

(동) 조절하다/조정하다, 적응하다   adjustment (명) 수정/조정, 적응

✛ adjust A to B : A를 B에 맞추다

- The kid **adjusted** the bike seat to the proper height.
  그 아이는 자전거 안장을 적절한 높이로 조절했다.
- The new student quickly _____ ed himself to his class.
  그 전학생은 자기 반에 재빨리 적응했다.

---

295 **ministry**
[mínistri]

(명) (정부의) 부, 목사 (직무)

- The **Ministry** of Defense will make an announcement about the DMZ shooting.
  국방부는 비무장지대의 총기 사건에 대해 발표할 것이다.
- The man entered the _____ against his father's wish.
  그 남자는 아버지의 바람에 반하여 성직자가 되었다.

296 virtue

[və́:rtʃu:]

ⓝ 미덕, 덕목

virtuous ⓗ 덕이 높은

- The teacher showed the **virtue** of kindness by helping the poor.
  그 교사는 가난한 이들을 도움으로써 배려라는 미덕을 보여주었다.
- To me, sacrifice is the highest ＿＿＿＿＿.
  나에게는 희생이라는 것이 가장 고귀한 덕목이다.

---

297 calculate

[kǽlkjəlèit]

ⓥ 계산하다, 추정하다

calculation ⓝ 계산

- Do you know how to **calculate** the speed of light?
  너는 빛의 속도를 어떻게 계산하는지 아니?

➕ calculate that ~ : ~라고 추정하다

- The expert ＿＿＿＿＿s that consumer prices will go up.
  그 전문가는 소비자 물가가 상승할 것이라고 추정한다.

---

298 elaborate

[ilǽbərit]

ⓗ 정교한, 공들인

- The bride liked the **elaborate** design of her wedding ring.
  그 신부는 결혼반지의 정교한 디자인이 마음에 들었다.
- The children planned an ＿＿＿＿＿ surprise party for their mom.
  그 아이들은 엄마를 위해 깜짝 파티를 공들여 준비했다.

---

299 initiate

[iníʃièit]

ⓥ 시작하다

- The school **initiated** a free dinner program for poor kids.
  그 학교는 가난한 아이들을 위한 무료 저녁 급식 프로그램을 시작했다.
- The WWF ＿＿＿＿＿d Earth Hour, a lights-off event.
  WWF(세계 야생 생물 기금)가 소등 행사인 '지구의 시간'을 시작했다.

---

300 revive

[riváiv]

ⓥ 회복시키다, 재생시키다

revival ⓝ 재생

- The lifeguard performed CPR to **revive** the drowning child.
  그 인명 구조원은 물에 빠진 아이를 소생시키기 위해 CPR(심폐소생술)을 시행했다.
- The warm coffee ＿＿＿＿＿d the workers after a long day.
  그 따뜻한 커피는 긴 하루를 보낸 근로자들을 회복시켰다.

Check Up 정답 p.176

Ⓐ 다음 영어단어의 우리말을 쓰시오.

1 sensible	＿＿＿＿＿	2 calculate	＿＿＿＿＿
3 virtue	＿＿＿＿＿	4 candidate	＿＿＿＿＿
5 verbal	＿＿＿＿＿	6 ministry	＿＿＿＿＿
7 initiate	＿＿＿＿＿	8 dash	＿＿＿＿＿

B 다음 영어단어와 비슷한 의미를 가진 것을 보기 에서 찾아 쓰시오.

1 dash → _____

2 rely → _____

3 sensation → _____

보기   rush
        sense
        depend

C 우리말과 일치하도록 알맞은 영어단어를 써넣어 문장을 완성하시오.

1 The claim that Dokdo belongs to Japan is _____.
독도가 일본 것이라는 주장은 말도 안 되는 소리이다.

2 There is an _____ creature like a dragon in every culture.
모든 문화에는 용과 같은 상상의 생명체가 있다.

3 The bride liked the _____ design of her wedding ring.
그 신부는 결혼반지의 정교한 디자인이 마음에 들었다.

4 The celebrity's first book is already out of _____.
그 유명인의 첫 번째 책은 이미 품절이다.

5 The lifeguard performed CPR to _____ the drowning child.
그 인명 구조원은 물에 빠진 아이를 소생시키기 위해 CPR(심폐소생술)을 시행했다.

6 _____ sports like soccer are fun to watch.
축구와 같이 경쟁을 하는 스포츠는 관람하기에 재미있다.

7 South Korea's satellite launch failed in the _____ stages.
한국의 위성 발사는 초기 단계에서 실패했다.

8 The white-haired professor even had white _____s.
그 머리가 흰 교수는 심지어 눈썹도 하얬다.

9 His dance moves created a worldwide _____.
그의 춤 동작은 세계적인 돌풍을 일으켰다.

10 _____s affect your personality.
유전자는 당신의 성격에 영향을 미친다.

D 밑줄 친 부분을 바르게 고쳐 문장을 다시 쓰시오.

1 The kid adjusted the bike seat with the proper height.

→ _____

2 Unlike animals, we rely at our parents until we grow up.

→ _____

Review

Lesson 11~Lesson 15

A 영어단어를 듣고 빈칸에 쓰시오. 그 다음, 해당 단어의 우리말을 쓰시오. 🎧19

1 _____ → _____		2 _____ → _____
3 _____ → _____		4 _____ → _____
5 _____ → _____		6 _____ → _____
7 _____ → _____		8 _____ → _____
9 _____ → _____		10 _____ → _____
11 _____ → _____		12 _____ → _____
13 _____ → _____		14 _____ → _____
15 _____ → _____		16 _____ → _____

B 다음 영어문장이 우리말과 일치하면 O, 그렇지 않으면 X를 쓰시오.

1 Today, color psychology is widely used in advertising.
오늘날 색채 심리학이 광고에서 널리 사용된다. (　　)

2 After the hot summer, fall arrived with a cool breeze.
무더운 여름이 지나가고 시원한 산들바람과 함께 가을이 왔다. (　　)

3 The result of the experiment corresponds to what I expected.
그 실험 결과는 내가 기대했던 것과 일치한다. (　　)

4 There are five candidates in this presidential election.
이번 대통령 선거에는 5명의 후보자가 있다. (　　)

5 The horses, frightened by the lightening, fainted over the fence.
번개에 놀란 말들이 담장을 뛰어 넘었다. (　　)

6 Dieters eat chicken breasts to take in protein.
다이어트를 하는 사람들은 단백질을 섭취하기 위해 닭가슴살을 먹는다. (　　)

7 To me, sacrifice is the highest burden.
나에게는 희생이라는 것이 가장 고귀한 덕목이다. (　　)

8 My imaginary concern now is to enter my dream high school.
현재 나의 최대 관심사는 내가 꿈꾸는 고등학교에 입학하는 것이다. (　　)

9 Strict discipline tends to make students passive.
엄격한 훈육은 학생들을 수동적으로 만드는 경향이 있다. (　　)

10 When I was in Paris, I wished to have a decent Korean meal.
내가 파리에 있었을 때 나는 제대로 된 한국 식사를 해보길 소망했다. (　　)

78

C 다음 문장의 빈칸에 들어갈 알맞은 단어를 고르시오.

1 The father whose kid is in the hospital _____ for his health.
   ① fainted   ② dragged   ③ proposed   ④ accomplished   ⑤ prayed

2 The kid _____ the bike seat to the proper height.
   ① gazed   ② adjusted   ③ robbed   ④ subscribed   ⑤ corresponded

3 It is too early to _____ the effects of the new system.
   ① leap   ② compel   ③ assess   ④ vanish   ⑤ inhabit

4 Teenagers learn to live together by hanging out with their _____.
   ① enterprises   ② peers   ③ flaws   ④ breasts   ⑤ burdens

5 The youth training center _____ up to 500 students.
   ① enhances   ② dashes   ③ relies   ④ initiates   ⑤ accommodates

6 The man had bright _____ before he was involved in the crime.
   ① essences   ② councils   ③ breezes   ④ prospects   ⑤ desires

7 The _____ from your parents determine your blood type.
   ① accesses   ② candidates   ③ genes   ④ portions   ⑤ credits

8 The UFO chasers have a _____ belief in alien life.
   ① firm   ② prime   ③ crisp   ④ criminal   ⑤ furious

9 Smiling is likely to _____ that you are happy.
   ① imply   ② irritate   ③ ruin   ④ complement   ⑤ wander

10 Hang wet towels in your room to add _____ to the air.
   ① moisture   ② lawn   ③ ambition   ④ counsel   ⑤ majority

11 Despite the judging errors, the player accepted his _____.
   ① refund   ② eyebrow   ③ stock   ④ presence   ⑤ defeat

12 People destroy the _____ of wildlife by cutting down trees.
   ① sensation   ② initials   ③ habitats   ④ beams   ⑤ psychology

13 We were _____ enough to stop arguing in front of others.
   ① linguistic   ② broad   ③ precise   ④ sensible   ⑤ dramatic

14 Click the icon, and you will _____ on to the site.
   ① reject   ② log   ③ elaborate   ④ revive   ⑤ bless

15 I like to _____ cookies into my coffee while I drink it.
   ① shave   ② adjust   ③ reform   ④ dip   ⑤ prompt

D 다음 영어 설명에 해당하는 단어를 보기 에서 찾아 쓰시오.

보기	security	visible	chairman	wander	criminal
	shave	genuine	subscribe	competitive	initiate

1 real and not pretending or false →＿＿＿＿＿＿

2 able to be seen and clear to the eye →＿＿＿＿＿＿

3 competing against each other →＿＿＿＿＿＿

4 relating to a crime or the person who committed a crime →＿＿＿＿＿＿

5 safety or protection from danger →＿＿＿＿＿＿

6 to cut hair off from a surface like a face or skin →＿＿＿＿＿＿

7 to start something or make something start →＿＿＿＿＿＿

8 the person in charge of a meeting or committee →＿＿＿＿＿＿

9 to pay money and get things like a newspaper regularly →＿＿＿＿＿＿

10 to go here and there without a definite purpose →＿＿＿＿＿＿

E 다음 문장에 들어갈 알맞은 품사의 단어를 고르시오.

1 Certain infections can cause 형[permanence / permanent] hearing loss.

2 My dad 동[proposed / proposal] to my mom at a baseball stadium.

3 Do you know how many tigers 동[inhabit / inhabitant] the jungles and mountains?

4 Sadly, the flood took away the lives of many 형[innocent / innocence] children.

5 Public speaking is a huge 명[burdensome / burden] to every student.

6 All the guests wished God would 동[blessing / bless] the newly married couple.

7 The ideal country Atlantis is actually an 형[imagine / imaginary] island.

8 The president didn't fire his secretary despite her many 명[flawless / flaws].

9 My dad was 형[furious / fury] because my sister took a trip without his permission.

10 Sam 동[rejection / rejected] my suggestion to have a birthday party at his home.

F 밑줄 친 부분과 의미가 비슷한 단어나 표현을 보기 에서 찾아 쓰시오.

보기	annoys	part	wide	stares	achieve
	exact	destroyed	disappeared	depend	rushed

1 Sam has broad shoulders because he swims regularly. → _____

2 The earthquake ruined the ancient buildings in the city. → _____

3 I want to accomplish all the goals I set this year. → _____

4 My dad is so nice I can rely on him for anything. → _____

5 Tom always copies my homework. It irritates me. → _____

6 Add the precise numbers. → _____

7 In a hurry to get there before it closed, we dashed to the shop. → _____

8 This shopping area is just a small portion of the city. → _____

9 A dolphin followed my ship and soon vanished into the sea. → _____

10 I hate it when a stranger gazes at me. → _____

G 밑줄 친 부분이 어법에 맞으면 O, 그렇지 않으면 X를 쓰시오.

1 A boy robbed me of my wallet in Paris. (   )

2 My mom compelled me taking the piano lesson. (   )

3 The brand new summer slippers are already out stock. (   )

4 In essence, your idea isn't different from mine. (   )

5 On New Year's Day, I resolved to study at least five hours a day. (   )

6 You need your student ID card to have access for the computer in the library. (   )

7 A majority to students are not interested in philosophy. (   )

8 Some adults have a bias against the students who get bad grades. (   )

9 The scandal prompted the actor to speak out. (   )

10 Sam studied hard for his ambition to winning the national math competition. (   )

Ⓐ 영어단어는 우리말로, 우리말은 영어단어로 바꿔 쓰시오.

1 retire		26 짜증나게 하다	
2 enormous		27 서식지	
3 commit		28 포상, 장려	
4 bargain		29 매우 비슷한, 똑같은	
5 expand		30 구독하다	
6 inject		31 분명히 하다	
7 enroll		32 품위, 존엄성	
8 occupy		33 영구적인	
9 deck		34 유산	
10 confess		35 혹독한, 가혹한	
11 vocabulary		36 비판하다	
12 interval		37 곡선	
13 essence		38 부러움, 부러워하다	
14 dawn		39 과장하다	
15 crucial		40 나사	
16 submit		41 처방하다	
17 presence		42 상업, 무역	
18 enthusiastic		43 인용하다	
19 assess		44 하급의, 3학년인	
20 accelerate		45 진화, 발전	
21 trim		46 눈에 보이는	
22 offend		47 못 보고 넘어가다	
23 philosophy		48 야망, 포부	
24 baggage		49 과도한, 지나친	
25 dispose		50 위험, 위험 요소	

B 우리말과 일치하도록 알맞은 영어단어를 써넣어 문장을 완성하시오.

1 Some guests are _____ to come early. 몇몇 손님들은 일찍 올 수도 있다.

2 Follow the _____ exactly for your safety. 안전을 위해 절차를 정확히 따르세요.

3 Animals become _____ when they are hungry. 동물들은 배가 고프면 공격적이 된다.

4 Mr. Darcy is a _____ in the field of science. Darcy 씨는 과학 분야에서 전설적인 인물이다.

5 Can you _____ between Chinese and Japanese people? 너는 중국사람과 일본사람을 구별할 수 있니?

6 _____ the antivirus software in your computer. 네 컴퓨터에 백신소프트웨어를 설치해라.

7 I lost 10 kilograms so my pants are _____ now. 나는 10킬로그램을 뺐고 이제 바지가 헐겁다.

8 This dress is made out of nice _____. 이 드레스는 좋은 천으로 만들어졌다.

9 Kids should eat _____ products every day. 아이들은 매일 유제품을 먹어야 한다.

10 The detective guessed the _____ of the crime. 형사는 그 범죄의 동기를 추측했다.

11 My art teacher is a fan of Greek _____. 우리 미술 선생님은 그리스 조각의 팬이다.

12 The boy lost his parents in the _____. 그 소년은 그 재난에서 부모를 잃었다.

13 The child was _____ for the popular toy. 그 아이는 그 인기 있는 장난감을 간절히 원했다.

14 I want to live a house with green _____. 나는 초록 잔디밭이 있는 집에서 살고 싶다.

15 I climbed the _____ to get the ball on the roof. 나는 지붕 위의 공을 가지러 사다리를 타고 올라갔다.

16 Documentaries will _____ your knowledge. 다큐멘터리는 당신의 지식을 풍부하게 할 것이다.

17 Despite his many _____s, people love Sam. 많은 단점에도 불구하고 사람들은 Sam을 좋아한다.

18 The girl trimmed her _____s to look pretty. 그 소녀는 예뻐 보이려고 눈썹을 다듬었다.

19 This area is famous for its _____ scenery. 이 지역은 이국적인 풍경으로 유명하다.

20 The cultural _____ is attracting many tourists. 그 문화 지구는 많은 관광객을 끌어들이고 있다.

21 Tom is one of my favorite _____s at work. Tom은 직장에서 내가 가장 좋아하는 동료 중 하나이다.

22 Human beings have _____d over thousands of centuries. 인간은 몇 천 세기에 걸쳐 진화해 왔다.

23 I was _____bed of my backpack on the subway. 나는 지하철에서 가방을 도난당했다.

24 We'll call you to _____ your booking later. 나중에 예약을 확정하기 위해 저희가 전화드릴 것입니다.

25 Sometimes, I wonder what's _____ the horizon. 때로 나는 수평선 너머에 무엇이 있을까 궁금하다.

C 다음 문장에 들어갈 알맞은 단어를 고르시오.

1 The expenses for the trip to Tokyo won't [devise / exceed / overlook] one million won.

2 When a [volcano / dignity / deck] erupts, we should stay far away from it.

3 Most of the policies were decided at the [hazard / screw / committee] meeting.

4 This tool is used to remove the [trend / extent / core] of an apple.

5 How can I stop my dog from [retaining / chewing / retiring] on everything?

6 The zoo has a free [congress / route / admission] day every month for groups.

7 The sun and wind are important [steep / alternative / aggressive] energy sources.

8 My [sharp / steady / prime] concern now is to enter my dream high school.

9 The unfair judgement led to a violent [clash / disaster / platform] between the teams.

10 Hang wet towels in your room to add [trace / moisture / agriculture] to the air.

11 Thanks to the man's [noble / corrupt / automatic] sacrifice, the baby survived the fire.

12 Do you know how to [bang / evolve / calculate] the speed of light?

13 Every relationship is based on [overall / mutual / enormous] understanding.

14 Jin helped me [overcome / occupy / accelerate] the fear of losing friends.

15 Sam is my biggest [aspect / commission / rival] as well as my best friend.

16 Sam is the most [junior / prominent / urgent] musician in the city.

17 Korea achieved full [philosophy / independence / firm] from Japan in 1945.

18 Man is a [rational / overseas / vivid] as well as emotional being.

19 Sam and Jin had [tight / slight / contrary] opinions on wearing school uniforms.

20 Government policies have a huge [impact / commerce / evolution] on people's lives.

21 Trust is the [input / label / basis] of all relationships like marriage or friendship.

22 The city built a bridge over the [definite / enthusiastic / broad] river.

23 The new company is showing slow but [steady / cruel / innocent] growth.

24 My parents [confess / prohibit / dispose] me from staying out late.

25 Due to the long drought, the amount of drinking water is [diminishing / installing / expanding].

D 다음 문장의 빈칸에 공통으로 들어갈 단어를 고르시오.

1 • Mr. White has a _____ as a competent lawyer.
  • The professor has a great _____ as a poet.

① screw ② heritage ③ desire ④ reputation ⑤ peer

2 • There is little _____ to prove that the suspect is guilty.
  • I have some _____ to prove that you are wrong.

① impact ② evidence ③ agenda ④ access ⑤ counsel

3 • No one can enter this area for _____ reasons.
  • The school needs a new _____ system to protect its facilities.

① basis ② hazard ③ essence ④ security ⑤ psychology

4 • Let's just _____ talking and continue the work.
  • My sister will _____ her part-time job to focus on her studies.

① prohibit ② quit ③ bless ④ ruin ⑤ inhabit

5 • The _____s at the U.N. try to solve international conflicts.
  • My uncle has been to many countries as a _____.

① ancestor ② route ③ label ④ burden ⑤ diplomat

6 • I can _____ my dog by myself.
  • My dad _____s himself in front of the mirror every morning.

① shave ② conclude ③ expand ④ declare ⑤ contrast

7 • The book is about all _____s of life and love.
  • Sharing ideas is an important _____ of the discussion.

① shift ② extent ③ aspect ④ deck ⑤ defeat

8 • Is the diamond necklace a _____ or fake one?
  • The principal made a _____ effort to make the school better.

① minor ② sharp ③ vague ④ firm ⑤ genuine

9 • Driving too fast _____s the lives of other drivers.
  • Whales are _____ed because of overfishing.

① endanger ② chew ③ leap ④ wander ⑤ refund

10 • Your personal information will be _____ after use in this app.
  • Somehow my name was _____ from the list.

① disposed ② criticized ③ deleted ④ irritated ⑤ gazed

20

301	**barn** [bɑːrn]	몡 외양간, 헛간 • Dad milked the cows in the **barn**, and Mom made breakfast. 아빠는 외양간에서 우유를 짜시고 엄마는 아침 식사를 만드셨다. • The farmer kept his farming tools in the _____ . 그 농부는 농기구를 헛간에 보관했다.
302	**face** [feis]	몡 얼굴, 겉면 동 마주보다, (문제 등을 피하지 않고) 직면하다 • Most dice have from one to six dots on the different **faces**. 대부분의 주사위는 다른 면에 한 개부터 여섯 개의 점이 있다. • The partners turned and _____ d each other. 짝들은 몸을 돌려 서로를 마주 봤다.
303	**outline** [áutlàin]	몡 윤곽, 개요 동 개요를 말하다 • First, I drew the **outline** of the garden. Then, I drew plants in it. 첫 번째로 나는 정원의 윤곽을 그렸다. 그런 다음 그 안에 식물을 그렸다. • The teacher _____ d the "No Smoking" campaign to us. 그 선생님은 우리에게 '금연' 캠페인의 개요를 설명해 주셨다.
304	**tackle** [tǽkl]	동 (문제·일 등에) 착수하다, (축구 등) 태클을 걸다 몡 태클 • The committee **tackled** the issue of child labor in India. 그 위원회는 인도의 아동 노동 문제에 착수했다. • The player got a head injury during the _____ . 그 선수는 태클이 벌어지는 동안에 머리 부상을 당했다.
305	**upward** [ʌ́pwərd]	부 위로, 위쪽으로 반 downward 아래로 • Harry looked **upward** and saw an oval object floating in the air. Harry는 위쪽을 바라보았고 한 타원형의 물체가 공중에 떠있는 것을 보았다. • The submarine rose _____ near the water surface. 그 잠수함은 수면 근처까지 위로 상승했다.
306	**glance** [glæns]	동 흘낏 보다, 훑어보다 몡 흘낏 보기 ✚ glance at ~: ~을 흘낏 보다 • The bored student in class **glanced** at the clock on the wall. 수업 중에 지루해진 학생은 벽에 있는 시계를 흘낏 보았다. • Waiting for my bus, I took a _____ at the bus timetable. 버스를 기다리면서 나는 버스 시간표를 흘낏 보았다.
307	**suburb** [sʌ́bəːrb]	몡 (대도시의) 교외, 외곽 • My family moved to the **suburbs** for more peaceful living conditions. 우리 가족은 더 평온한 거주 환경을 위해 교외로 이사 갔다. • We drove out to the _____ s for a picnic. 우리는 소풍을 가려고 외곽으로 드라이브 갔다.

308 protest
[próutest]

명 시위, 항의   동 항의하다 [prətést]

- Peaceful street **protests** are acceptable in a democracy.
  평화적인 거리 시위는 민주주의에서 용인된다.
- They _____ ed the stopping of the free lunch policy.
  그들은 무상급식정책을 중지하는 것에 대해 항의했다.

---

309 certificate
[sərtífəkit]

명 자격증, 증서

- You should have a teacher's **certificate** to teach at school.
  학교에서 가르치기 위해서는 교사 자격증을 갖고 있어야 한다.
- Submit a medical _____ to your homeroom teacher.
  담임선생님께 진단서를 제출하세요.

---

310 currency
[kə́:rənsi]

명 화폐, 통화

- Metallic **currencies** were used before paper **currencies**.
  금속 화폐는 종이 화폐 이전에 사용되었다.
- The euro is the official _____ of many European countries.
  유로는 많은 유럽 국가의 공식 통화이다.

---

311 merit
[mérit]

명 장점, 훌륭함, 가치

- Compare the **merits** of the high schools before you choose one.
  한 고등학교를 선택하기 전에 그 고등학교들의 장점을 비교해 보세요.
- Hangeul is known for its artistic and practical _____ .
  한글은 예술적이고 실용적인 가치로 알려져 있다.

---

312 suicide
[sjú:isàid]

명 자살

- The fans couldn't believe that the star attempted **suicide**.
  팬들은 자신들의 스타가 자살을 기도했다는 것을 믿을 수 없었다.
- Assisted _____ is done to end a patient's pain.
  조력 자살(안락사)은 환자의 고통을 끝내기 위해 행해진다.

---

313 split
[split]
split-split-split

동 가르다, 쪼개다, 분할하다   명 분할, 분리   유 divide 나누다

- The chef **split** the pizza evenly into eight pieces.
  그 요리사는 피자를 여덟 조각으로 고르게 잘랐다.
- The argument caused a _____ between friends.
  그 언쟁은 친구 사이에 분열을 초래했다.

---

314 distribute
[distríbju(:)t]

동 분배하다, 나누어주다   distribution 명 분배

- A group of people were **distributing** free food to the homeless.
  한 무리의 사람들이 노숙자들에게 무료 음식을 분배하고 있었다.
- Would you _____ these worksheets to the class?
  이 연습 문제지를 반 학생들에게 나눠주겠니?

---

315 grasp
[græsp]

동 움켜잡다, 파악하다/완전히 이해하다

- The five climbers **grasped** the rope so they wouldn't fall from the cliff.
  다섯 명의 등반가들은 벼랑에서 떨어지지 않으려고 밧줄을 움켜잡았다.
- It is really hard to _____ principles in physics.
  물리학의 원리를 완전히 이해하는 것은 정말 어렵다.

316 **confront**
[kənfrʌ́nt]

(동) 곤란한 상황에 맞서다, 마주하다   confrontation (명) 대결, 직면   (유) face

- I knew that I had to **confront** the difficulties to overcome them.
  나는 어려움을 극복하기 위해서는 그것에 맞서야 한다는 것을 알고 있었다.

  ➕ be confronted by/with ~: ~에 직면하다

- The ship was ＿＿＿＿ed by a huge iceberg.
  그 배는 곧 거대한 빙산에 직면했다.

---

317 **conform**
[kənfɔ́ːrm]

(동) 따르다/순응하다, 일치하다

➕ conform to ~: ~에 따르다, 일치하다

- Teenagers tend to **conform** to the rules of their peer group.
  십대들은 또래 무리의 규칙을 따르려는 경향이 있다.

- This case doesn't ＿＿＿＿＿ to the usual murder cases.
  이번 사건은 일반적인 살인 사건과 일치하지 않는다.

---

318 **emit**
[imít]

(동) 내뿜다, 방출하다   emission (명) 방출   (유) give off

- How does the heat **emitted** from the sun arrive to the Earth?
  태양에서 내뿜어진 열이 어떻게 지구에 도착하는 걸까?

- The cars that ＿＿＿＿ CO_2 will disappear soon.
  이산화탄소를 내뿜는 차들은 곧 사라질 것이다.

---

319 **innovation**
[inəvéiʃən]

(명) 혁신, 혁신적인 것   innovate (동) 혁신하다   innovative (형) 혁신적인

- When I hear the word "**innovation**," Steve Jobs comes to mind.
  나는 '혁신'이라는 단어를 들으면 Steve Jobs가 떠오른다.

- Using drones for farming is an ＿＿＿＿＿ in agriculture.
  농사에 드론을 사용하는 것은 농업에 있어 혁신이다.

---

320 **session**
[séʃən]

(명) (특정 활동을 위한) 시간, 기간

- Many kids joined the training **session** before the soccer camp.
  많은 아이들은 축구 캠프 전에 훈련 기간에 합류했다.

- The students had a photo ＿＿＿＿＿ for their yearbook.
  그 학생들은 졸업 앨범을 위해 사진 촬영 시간을 가졌다.

Check Up 정답 p.177

A 다음 영어단어의 우리말을 쓰시오.

1 suburb ＿＿＿＿＿＿＿＿   2 distribute ＿＿＿＿＿＿＿＿

3 session ＿＿＿＿＿＿＿＿   4 currency ＿＿＿＿＿＿＿＿

5 upward ＿＿＿＿＿＿＿＿   6 innovation ＿＿＿＿＿＿＿＿

7 suicide ＿＿＿＿＿＿＿＿   8 confront ＿＿＿＿＿＿＿＿

B 다음 영어단어와 비슷한 의미를 가진 것을 보기 에서 찾아 쓰시오.

1 confront → _____

2 emit → _____

3 split → _____

보기　divide
face
give off

C 우리말과 일치하도록 알맞은 영어단어를 써넣어 문장을 완성하시오.

1 Peaceful street _____s are acceptable in a democracy.
평화적인 거리 시위는 민주주의에서 용인된다.

2 First, I drew the _____ of the garden. Then, I drew plants in it.
첫 번째로 나는 정원의 윤곽을 그렸다. 그런 다음 그 안에 식물을 그렸다.

3 You should have a teacher's _____ to teach at school.
학교에서 가르치기 위해서는 교사 자격증을 갖고 있어야 한다.

4 The five climbers _____ed the rope so they wouldn't fall from the cliff.
다섯 명의 등반가들은 벼랑에서 떨어지지 않으려고 밧줄을 움켜잡았다.

5 The committee _____d the issue of child labor in India.
그 위원회는 인도의 아동 노동 문제에 착수했다.

6 Compare the _____s of the high schools before you choose one.
한 고등학교를 선택하기 전에 그 고등학교들의 장점을 비교해 보세요.

7 Most dice have from one to six dots on the different _____s.
대부분의 주사위는 다른 면에 한 개부터 여섯 개의 점이 있다.

8 The cars that _____ CO_2 will disappear soon.
이산화탄소를 내뿜는 차들은 곧 사라질 것이다.

9 The chef _____ the pizza evenly into eight pieces.
그 요리사는 피자를 여덟 조각으로 고르게 잘랐다.

10 The farmer kept his farming tools in the _____.
그 농부는 농기구를 헛간에 보관했다.

D 밑줄 친 부분을 바르게 고쳐 문장을 다시 쓰시오.

1 Teenagers tend to conform at the rules of their peer group.

→ _____

2 The bored student in class glanced to the clock on the wall.

→ _____

---

321 chill
[tʃil]

명 냉기, 오한   동 차게 식히다

chilly 형 차가운

- I could feel the winter coming from the **chill** in the air.
  나는 쌀쌀한 공기로 겨울이 오고 있다는 것을 알 수 있었다.
- Cover the dough and _____ it in the fridge overnight.
  그 반죽을 덮어서 냉장고에 넣고 밤새 식히세요.

---

322 faith
[feiθ]

명 믿음/신뢰, 신앙

faithful 형 충실한   유 belief 믿음

✛ faith in ~: ~에 대한 믿음

- Although there are bad rumors about Sam, I have **faith** in him.
  비록 Sam에 대한 나쁜 소문들이 있지만 나는 그에 대한 믿음이 있다.
- The Christian _____ spread rapidly throughout Asia.
  기독교 신앙은 아시아 전역에 급속도로 퍼졌다.

---

323 superior
[sju(ː)pí(ː)əriər]

형 우수한, 상위의

반 inferior 열등한

- Research shows that girls have **superior** language skills to boys.
  연구는 여자아이들이 남자아이들보다 우수한 언어 능력을 갖고 있다는 것을 보여준다.

✛ superior to ~: ~보다 뛰어난

- My friend Sam is _____ to me in many ways.
  내 친구 Sam은 많은 면에서 나보다 뛰어나다.

---

324 teenage
[tíːnèidʒ]

형 십대의

- Most **teenage** students are stressed-out because of their grades.
  대부분의 십대 학생들은 성적으로 인한 스트레스로 지쳐있다.
- It is time to take strong action to stop _____ smoking.
  십대의 흡연을 막기 위해 강력한 조치를 취해야 할 때이다.

---

325 absent
[ǽbsənt]

형 결석한

absence 명 결석   반 present 출석한

- Mr. Darcy was **absent** from work to take care of his sick son.
  Darcy 씨는 아픈 아들을 돌보느라 결근했다.
- You should not be _____ from class without permission.
  허락 없이 수업에 빠져서는 안 된다.

---

326 starve
[staːrv]

동 굶주리다, 갈망하다

starvation 명 굶주림

- Most of the animals in the abandoned zoo are **starving**.
  버려진 동물원에 있던 대부분의 동물들이 굶주리고 있다.

✛ starve for ~: ~을 갈망하다

- Neglected children _____ for care and affection.
  방임된 아이들은 관심과 애정을 갈망한다.

---

327 tragic
[trǽdʒik]

형 비참한, 비극의

tragedy 명 비극

- I was sad about the **tragic** death of the kids in the sunken ship.
  나는 침몰한 배에 있던 아이들의 비참한 죽음에 슬펐다.
- The play *Romeo and Juliet* has a _____ ending.
  연극 'Romeo and Juliet'은 비극적인 결말을 갖고 있다.

328

spill
[spil]

동 쏟다, 흘리다　명 유출

- Sam surprised me from behind, and I **spilled** my tea on my pants.
  Sam이 뒤에서 나를 놀라게 했는데, 그래서 나는 차를 내 바지에 쏟았다.
- The sea is polluted by sewage, trash, oil ⎯⎯⎯ s, etc.
  바다는 하수, 쓰레기, 기름 유출 등으로 오염된다.

329

sacred
[séikrid]

형 성스러운, 신성시되는

- The Parthenon is a **sacred** temple for the Greek goddess Athena.
  파르테논은 그리스 여신 아테나를 위한 신전이다.
- Hindus don't kill cows because they are ⎯⎯⎯ to them.
  힌두인들에게 소는 신성시되기 때문에 그들은 소를 죽이지 않는다.

330

dedicate
[dédəkèit]

동 시간이나 노력을 바치다　　　　dedication 명 헌신　유 devote

➕ dedicate A to B: A를 B에 바치다/헌신하다

- Father William **dedicated** his life to helping needy people.
  William 신부님은 자신의 삶을 빈곤한 사람들을 돕는 데 헌신했다.
- The U.N. is ⎯⎯⎯ d to peace and justice in the world.
  국제연합은 세상의 평화와 정의에 헌신한다.

331

minimal
[mínəməl]

형 최소의, 최저의　　　　minimum 명 최소　반 maximal 최대의

- My family chose a package tour to travel at **minimal** cost.
  우리 가족은 최소한의 경비로 여행하려고 그 패키지여행을 선택했다.
- The fire damage to the building was ⎯⎯⎯ .
  그 건물에 미친 화재 피해는 아주 적었다.

332

output
[áutpùt]

명 생산, 출력　　　　　　　　　　　　　　반 input 입력

- The **output** of cars per day increased by 10% this quarter.
  이번 분기에 일일 차량 생산량이 10% 증가했다.
- Printers have long been one of the main ⎯⎯⎯ devices.
  프린터는 오랫동안 주된 출력 장치들 중 하나가 되어 왔다.

333

grip
[grip]

명 악력, 장악　동 꽉 잡다

- The drowning man took a tight **grip** on the rescue rope.
  물에 빠진 그 남자는 구조 밧줄을 단단히 쥐었다.
- The lion ⎯⎯⎯ ped its prey with its sharp teeth.
  그 사자는 날카로운 이빨로 먹이를 단단히 물었다.

334

diverse
[divə́ːrs]

형 다양한, 여러 가지의　　　　diversity 명 다양성　유 various

- The World Food Festival displays food from **diverse** cultures.
  세계 음식 축제는 다양한 문화에서 온 음식을 전시한다.
- We will remove many ⎯⎯⎯ dangers from the schools.
  우리는 학교 주변에 있는 여러 가지 위험요소들을 제거할 것이다.

335

illusion
[iljúːʒən]

명 착각, 환상

- Sam is under the **illusion** that he will meet aliens someday.
  Sam은 언젠가 외계인을 만날 거라고 착각하고 있다.
- A ghost is an ⎯⎯⎯ that is produced in your mind.
  유령은 네 마음에서 만들어진 환상이야.

336 conscious [kánʃəs]

(형) 자각하는, 의식이 있는

consciousness (명) 의식

+ conscious of ~: ~을 알아채고

- The teacher is **conscious** of the problem of violence at school.
  그 교사는 교내 폭력 문제를 알고 있다.
- The patient is not fully _____ yet after the surgery.
  그 수술 후에 환자는 아직 완전히 의식이 있지는 않다.

337 engage [ingéidʒ]

(동) (일에) 관여시키다, (마음을) 끌다, 약혼하다

engagement (명) 약혼

+ engage in ~: ~에 관여하다

- Students should actively **engage** in sports for health.
  학생들은 건강을 위해 스포츠에 적극적으로 참여해야 한다.
- The man who is _____d to my sister is German.
  우리 누나와 약혼한 남자는 독일인이다.

338 disrupt [dìsrʌ́pt]

(동) 방해하다/혼란에 빠뜨리다, 중단시키다

disruption (명) 붕괴

- Students' game addiction can **disrupt** their normal school life.
  학생들의 게임 중독은 정상적인 학교 생활을 방해할 수 있다.
- My Internet connection was _____ed due to the virus.
  내 인터넷 연결이 바이러스 때문에 중단되었다.

339 institute [ínstitjùːt]

(명) 연구소, (연수원 등의) 기관, 협회

- My uncle is working for a research **institute** as a researcher.
  우리 삼촌은 한 연구소에서 연구원으로 일하고 있다.
- The educational _____ held an education fair for parents.
  그 교육기관은 부모들을 위해 교육 박람회를 개최했다.

340 sociology [sòusiálədʒi]

(명) 사회학

- Experts in **sociology** help make welfare policies for the country.
  사회학 전문가들은 그 나라의 복지 정책을 만드는 것을 돕는다.
- I attended a lecture on the origin of _____.
  나는 사회학의 기원에 대한 강연에 참석했다.

Check Up 정답 p.177

A 다음 영어단어의 우리말을 쓰시오.

1 sociology _____   2 tragic _____

3 diverse _____   4 dedicate _____

5 teenage _____   6 illusion _____

7 starve _____   8 institute _____

B 다음 영어단어와 비슷한 의미를 가진 것을 보기 에서 찾아 쓰시오.

1 faith → _____

2 diverse → _____

3 dedicate → _____

보기 **various**
     belief
     devote

C 우리말과 일치하도록 알맞은 영어단어를 써넣어 문장을 완성하시오.

1 I could feel the winter coming from the _____ in the air.
나는 쌀쌀한 공기로 겨울이 오고 있다는 것을 알 수 있었다.

2 The fire damage to the building was _____.
그 건물에 대한 화재 피해는 아주 적었다.

3 The drowning man took a tight _____ on the rescue rope.
물에 빠진 그 남자는 구조 밧줄을 단단히 쥐었다.

4 Hindus don't kill cows because they are _____ to them.
힌두인들에게 소는 신성시되기 때문에 그들은 소를 죽이지 않는다.

5 The man who is _____d to my sister is German.
우리 누나와 약혼한 남자는 독일인이다.

6 The _____ of cars per day increased by 10% this quarter.
이번 분기에 일일 차량 생산량이 10% 증가했다.

7 My Internet connection was _____ed due to the virus.
내 인터넷 연결이 바이러스 때문에 중단되었다.

8 You should not be _____ from class without permission.
허락 없이 수업에 빠져서는 안 된다.

9 Although there are bad rumors about Sam, I have _____ in him.
비록 Sam에 대한 나쁜 소문들이 있지만 나는 그에 대한 믿음이 있다.

10 Sam surprised me from behind, and I _____ed my tea on my pants.
Sam이 뒤에서 나를 놀라게 했는데, 그래서 나는 차를 내 바지에 쏟았다.

D 밑줄 친 부분을 바르게 고쳐 문장을 다시 쓰시오.

1 My friend Sam is superior than me in many ways.

→ _____

2 The teacher is conscious to the problem of violence at school.

→ _____

---

341 cigarette
[sìgərét]

명 담배

• The lung cancer patient smoked two packs of **cigarettes** a day.
그 폐암 환자는 하루에 담배 두 갑씩을 피웠었다.

• Don't throw away your　　　　　butts on the street.
담배꽁초를 길에 버리지 마세요.

---

342 creep
[kri:p]
creep-crept-crept

동 기어가다　　　　　　　　　　　creepy 형 오싹한　유 crawl 기다

• Seeing a worm **creeping** on her desk, the girl screamed loudly.
벌레가 책상 위에서 기어가는 것을 보고 그 여자아이는 크게 비명을 질렀다.

✚ creep A out: A를 오싹하게 하다

• It　　　　s me out when I see a snake eating a mouse.
나는 뱀이 생쥐를 먹는 모습을 볼 때 오싹하다.

---

343 pale
[peil]

형 창백한, 엷은

• Even before Sam got on the roller coaster, his face turned **pale**.
Sam은 롤러코스터를 타기 전인데도 얼굴이 창백해졌다.

• The foreigner's　　　　　blue eyes are very attractive.
그 외국인의 연한 푸른색 눈은 무척 매력적이다.

---

344 tray
[trei]

명 쟁반, (납작한 정리용) 상자

• I picked up the **tray** to carry the party food to the garden.
나는 정원으로 파티 음식을 나르기 위해 쟁반을 집어 들었다.

• We purchased a litter　　　　　for our pet cat.
우리는 반려묘를 위해 배설물 상자를 구입했다.

---

345 glory
[glɔ́:ri]

명 영광, 영예　　　　　　　　　　　glorious 형 영광스러운

• The gold medalist shed tears in his moment of **glory**.
그 금메달 수상자는 영광의 순간에 눈물을 흘렸다.

• The prize winner attributed the　　　　　to his family.
그 수상자는 자신의 가족에게 그 영광을 돌렸다.

---

346 edit
[édit]

동 편집하다, 교정하다

• Historical records can't be **edited** by anyone once they are written.
역사 기록은 일단 쓰여지면 어느 누구에 의해서라도 편집될 수 없다.

• I asked an editor to　　　　　the draft of my speech.
나는 편집자에게 연설문 초안을 교정해 달라고 부탁했다.

---

347 tempt
[tempt]

동 부추기다, 유도하다　　　　　　　temptation 명 유혹

✚ tempt A to+동사원형: A가 ~하도록 유도하다

• The warm sunlight **tempted** me to sunbathe in the park.
따뜻한 햇빛은 내가 공원에서 일광욕을 하도록 했다.

• Sometimes, we are　　　　　ed to lie to get out of trouble.
때때로 우리는 문제에서 벗어나려고 거짓말을 하도록 유혹을 받는다.

---

348 vast
[væst]

웹 (양·수·금액·크기 등이) 막대한

유 huge, massive

- The Amazon rainforest produces a **vast** amount of oxygen.
  아마존 열대 우림은 엄청난 양의 산소를 만들어낸다.
- Jack Ma built a   business empire called Alibaba.
  Jack Ma는 '알리바바'라고 불리는 거대한 사업 왕국을 세웠다.

349 anticipate
[æntísəpèit]

동 기대하다, 예상하다

anticipation 명 기대, 예상

- The students are eagerly **anticipating** the field trip to Tokyo.
  그 학생들은 도쿄로의 현장체험학습을 열렬히 기대하고 있다.
- ✚ anticipate+동사원형-ing/that ~: ~하기를 예상하다
- I   getting the product I ordered by tomorrow.
  나는 내일까지 내가 주문한 제품을 받을 거라고 예상한다.

350 depict
[dipíkt]

동 묘사하다, 서술하다

depiction 명 묘사, 서술

- Most paintings **depict** Cupid as a baby with a bow and arrow.
  대부분의 그림들은 큐피드를 활과 화살을 가진 아기로 묘사한다.
- The witness   ed the accident as he saw it.
  그 증인은 자신이 본 대로 그 사고를 서술했다.

351 monitor
[mánitər]

명 화면, 모니터, 감시 장치/요원   동 감시하다, 추적 관찰하다

- The new fine dust **monitor** automatically gives us a warning.
  그 새 미세먼지 감지기는 자동으로 우리에게 주의를 준다.
- This camera   s my dog while I am away.
  이 카메라는 내가 없는 동안 나의 개를 관찰한다.

352 companion
[kəmpǽnjən]

명 동반자, (마음이 맞는) 친구

- Sam and Tom are good traveling **companions**.
  Sam과 Tom은 좋은 여행 동반자이다.
- The guide dog was his only   until he died.
  그 안내견은 그가 죽을 때까지 그의 유일한 친구였다.

353 summit
[sʌ́mit]

명 산꼭대기, 정상회담

- The **summit** of the mountain is usually covered with clouds.
  그 산의 정상은 보통 구름으로 덮여있다.
- The   was put off due to the natural disaster.
  그 정상회담은 자연재해로 인해 연기되었다.

354 embassy
[émbəsi]

명 대사관

- **Embassies** serve their citizens in foreign countries.
  대사관은 외국에 있는 자국의 시민들을 위해 일한다.
- The Korean   in Paris hosted a K-pop event.
  파리 주재 한국 대사관은 K-pop 행사를 주관했다.

355 solid
[sálid]

형 단단한, 고체의   명 고체

- Even the **solid** ground cracked because of the long drought.
  오랜 가뭄으로 인해 심지어 단단한 지면마저 금이 갔다.
- A   turns into a liquid when it is heated.
  고체는 열이 가해졌을 때 액체로 바뀐다.

356 remedy

[rémidi]

명 요법, 치료법

유 cure 치료

- My mom cooked me chicken soup as a cold **remedy**.
  우리 엄마는 감기 치료 요법으로 닭고기 수프를 요리해 주셨다.
- Lying down can be a good _____ for stress.
  드러눕기는 스트레스에 대한 좋은 치료법이 될 수 있다.

---

357 approximately

[əpráksəmətli]

부 대략, 거의

- **Approximately** half a million people enjoyed the flower festival.
  대략 50만 명의 사람들이 그 꽃 축제를 즐겼다.
- It took _____ two hours to fly from Incheon to Tokyo.
  인천에서 도쿄까지 비행하는 데 거의 2시간이 걸렸다.

---

358 complicated

[kámpləkèitid]

형 복잡한, 난해한

유 complex 복잡한

- K-dramas feature **complicated** relationships between people.
  한국 드라마는 사람들 사이에 복잡한 관계를 특징으로 한다.
- The instructions were too _____ to assemble the parts.
  그 설명서는 너무 난해해서 그 부품을 조립할 수 없었다.

---

359 forbid

[fərbíd]

forbid-forbade-
forbidden

동 금지하다

✦ forbid A from 동사원형-ing: A가 ~하는 것을 금지하다

- My dad **forbade** me from staying out until late even on weekends.
  우리 아빠는 주말조차 내가 늦게까지 밖에 있는 것을 금하셨다.
- The government will _____ smoking in all public places.
  정부는 모든 공공장소에서의 흡연을 금할 것이다.

---

360 stable

[stéibl]

형 안정적인, (마음 등이) 안정된

stability 명 안정

- Today, **stable** jobs are preferred to high-paying jobs.
  오늘날 안정적인 직업이 고소득 직업보다 선호된다.
- The singer was not mentally _____ after she received a threat.
  그 가수는 협박을 받은 후로 정신적으로 안정되지 않았다.

Check Up 정답 p.178

Ⓐ 다음 영어단어의 우리말을 쓰시오.

1 cigarette _____

2 remedy _____

3 companion _____

4 edit _____

5 complicated _____

6 approximately _____

7 stable _____

8 depict _____

B 다음 영어단어와 비슷한 의미를 가진 것을 보기 에서 찾아 쓰시오.

1 complicated → _____

2 creep → _____

3 vast → _____

보기
crawl
huge
complex

C 우리말과 일치하도록 알맞은 영어단어를 써넣어 문장을 완성하시오.

1 The gold medalist shed tears in his moment of _____.
그 금메달 수상자는 <u>영광의</u> 순간에 눈물을 흘렸다.

2 The Korean _____ in Paris hosted a K-pop event.
파리 주재 한국 <u>대사관은</u> K-pop 행사를 주관했다.

3 Even before Sam got on the roller coaster, his face turned _____.
Sam은 롤러코스터를 타기 전인데도 얼굴이 <u>창백해졌다.</u>

4 The new fine dust _____ automatically gives us a warning.
그 새 미세먼지 <u>감지기는</u> 자동으로 우리에게 주의를 준다.

5 Sometimes, we are _____ed to lie to get out of trouble.
때때로 우리는 문제에서 벗어나려고 거짓말을 하도록 <u>유혹을</u> 받는다.

6 I picked up the _____ to carry the party food to the garden.
나는 정원으로 파티 음식을 나르기 위해 <u>쟁반을</u> 집어 들었다.

7 The _____ of the mountain is usually covered with clouds.
그 산의 <u>정상은</u> 보통 구름으로 덮여있다.

8 A _____ turns into a liquid when it is heated.
<u>고체는</u> 열이 가해졌을 때 액체로 바뀐다.

9 Seeing a worm _____ing on her desk, the girl screamed loudly.
벌레가 책상 위에서 <u>기어가는</u> 것을 보고 그 여자아이는 크게 비명을 질렀다.

10 The Amazon rainforest produces a _____ amount of oxygen.
아마존 열대 우림은 <u>엄청난</u> 양의 산소를 만들어낸다.

D 밑줄 친 부분을 바르게 고쳐 문장을 다시 쓰시오.

1 I <u>anticipate get</u> the product I ordered by tomorrow.

→ _____

2 My dad <u>forbade me from stay out</u> until late even on weekends.

→ _____

23

361 civil
[sívəl]

형 시민의, 민간의, 국내의

- **Civil** rights include the freedoms of thought and speech.
  시민의 권리는 사상과 표현의 자유를 포함한다.
- It took time for the retired solider to get used to the _____ life.
  그 퇴직 병사가 민간 생활에 익숙해지는 데는 시간이 걸렸다.

362 fellow
[félou]

명 (남자) 친구, 동료 형 동료의

- My neighbor Mike is a good **fellow** to hang out with.
  내 이웃 Mike는 어울리기에 좋은 친구이다.
- Climbing Mt. Everest, we lost one of our _____ climbers.
  에베레스트산을 등반하는 도중에 우리는 동료 산악인 중 한 명을 잃었다.

363 passport
[pǽspɔːrt]

명 여권

- Nowadays, it takes less than a week to issue a **passport**.
  요즘은 여권을 발급하는 데 일주일이 걸리지 않는다.
- You must show your _____ to board your flight.
  비행기에 탑승하려면 여권을 보여주셔야 합니다.

364 troop
[truːp]

명 떼, 무리, 《pl.》 군대

- A **troop** of monkeys was playing with a ball in the cage.
  한 무리의 원숭이들이 우리 안에서 공을 갖고 놀고 있었다.
- Korean _____ s took an active role in the Vietnam War.
  한국군은 베트남 전쟁에서 적극적인 역할을 했다.

365 grief
[griːf]

명 큰 슬픔   유 sorrow

- The old lady has been in deep **grief** since her son died.
  아들이 죽은 이후로 그 노부인은 깊은 슬픔에 빠져 있다.
- The terror attack brought shock and _____ to the world.
  그 테러 공격은 세상에 경악과 슬픔을 가져다 주었다.

366 element
[éləmənt]

명 요소, 원소

- Eating regularly is a key **element** in staying healthy.
  규칙적으로 먹는 것은 건강을 유지하는 핵심 요소이다.
- I almost died, memorizing the list of chemical _____ s.
  나는 화학 원소 목록을 외우다 죽을 뻔했다.

367 classify
[klǽsəfài]

동 분류하다   classification 명 분류

+ classify A into/in B: A를 B로 분류하다

- The teams are **classified** in two groups: junior and senior.
  그 팀들은 주니어와 시니어 두 그룹으로 분류된다.
- The librarian is _____ ing the books according to the subject.
  그 사서는 주제에 따라 책들을 분류하고 있다.

368 beneath
[biní:θ]

(전) (위치·장소가) ~ 아래에, (수준 등이) ~보다 못한

- The tourists watched tropical fish swimming **beneath** the boat.
  그 관광객들은 보트 아래에서 열대어들이 헤엄치고 있는 것을 구경했다.
- John felt that doing such simple work was _____ him.
  John은 그렇게 단순한 일을 하는 것은 자기 수준에 안 맞는다는 것을 느꼈다.

369 biography
[baiágrəfi]

(명) 전기, 일대기

- The **biography** of Einstein inspired me to be a scientist later.
  아인슈타인의 전기는 내가 후에 과학자가 되도록 고무했다.
- The _____ of Gandhi was very touching.
  간디의 전기는 매우 감동적이었다.

370 destination
[dèstənéiʃən]

(명) (여행 등의) 목적지, 여행지

- A navigator helps you get to your **destination** easily and quickly.
  네비게이션은 쉽고 빠르게 목적지에 도착할 수 있게 해 준다.
- We got back to the ferry to leave for the next _____.
  우리는 다음 여행지로 출발하기 위해 여객선으로 돌아갔다.

371 multiple
[mʌ́ltəpl]

(형) 다수의, 복합적인

- Unlike people, a robot can deal with **multiple** tasks at a time.
  사람들과 달리 로봇은 다수의 일을 한번에 처리할 수 있다.
- Stress is usually caused by _____ factors.
  스트레스는 보통 복합적인 요인에 의해 발생한다.

372 tease
[ti:z]

(동) 놀리다, 괴롭히다   (유) make fun of 놀리다

+ tease A about B: B로 A를 놀리다

- The students **teased** the new student about his Busan accent.
  그 학생들은 전학생의 부산 억양으로 그를 놀려댔다.
- Don't _____ me! I'm in the middle of something.
  나를 괴롭히지 마! 뭐 좀 하고 있잖아.

373 temporary
[témpərèri]

(형) 임시의, 일시적인

- What is the best **temporary** solution to a water leak?
  물이 새는 것에 대한 가장 좋은 임시 해결책은 무엇인가요?
- The singer's popularity is a _____ phenomenon.
  그 가수의 인기는 일시적인 현상이다.

374 casual
[kǽʒjuəl]

(형) (격식을 차리지 않는) 평상시의

- The students were allowed to wear **casual** clothes for the trip.
  그 학생들은 그 여행 동안 평상복을 입는 것이 허용되었다.
- Sam sounded _____, but his eyes were full of anger.
  Sam은 평상시처럼 말했지만 그의 눈은 분노로 가득 차 있었다.

375 thorough
[θə́:rou]

(형) 철저한, 완벽한   thoroughly (부) 철저히   (유) complete 완벽한

- **Thorough** preparation for exams will increase your confidence.
  시험에 대한 완벽한 준비는 당신의 자신감을 상승시켜줄 것이다.
- The agency was _____ in planning for the event.
  그 대행사는 그 행사를 준비하는 데 완벽했다.

376 **reserve** 　(동) 예약하다, (나중을 위해) 따로 남겨두다 　　　　　reservation (명) 예약
[rizə́:rv]
- I already **reserved** a table for five for tonight at 8.
  나는 이미 오늘밤 8시에 다섯 명을 위한 자리 하나를 예약했다.
- I _____ d some money for emergency use.
  나는 비상용으로 약간의 돈을 따로 남겨두었다.

377 **aspire** 　(동) 간절히 바라다 　　　　　aspiration (명) 열망, 포부
[əspáiər]
✚ aspire to+동사원형/명사: ~을 열망하다
- Many young people who **aspired** to fame went to Hollywood.
  유명세를 갈망했던 많은 젊은이들은 할리우드로 갔다.
- Michelle Obama is the woman I _____ to be like.
  Michelle Obama는 내가 닮기를 간절히 원하는 여성이다.

378 **comprehensive** 　(형) 종합적인, 포괄적인
[kàmprihénsiv]
- We need a **comprehensive** safety check on the old buildings.
  우리는 오래된 건물들에 대한 종합적인 안전 점검이 필요하다.
- The city is working on the _____ development plans.
  그 도시는 포괄적인 개발 계획을 진행 중이다.

379 **interfere** 　(동) 방해하다, 간섭하다 　　　　　interference (명) 간섭
[ìntərfíər]
- Annoyingly, John always **interferes** in my conversations.
  성가시게도 John은 항상 내 대화를 방해한다.
- Some teenagers think their parents _____ in their life.
  부모님이 자신들의 삶에 간섭한다고 생각하는 십대들도 있다.

380 **stimulate** 　(동) 자극하다, 흥미를 불러 일으키다 　　　　　stimulation (명) 자극
[stímjəlèit]
- The food photos in the ads **stimulate** the viewers' appetites.
  광고에 나오는 음식 사진들은 보는 사람들의 식욕을 자극한다.
- The new book _____ d the interest of many readers.
  그 새 책은 많은 독자들의 흥미를 불러일으켰다.

Check Up 　정답 p.178

Ⓐ 다음 영어단어의 우리말을 쓰시오.

1 grief _____ 　　2 element _____

3 temporary _____ 　　4 interfere _____

5 comprehensive _____ 　　6 biography _____

7 destination _____ 　　8 thorough _____

B 다음 영어단어와 비슷한 의미를 가진 것을 보기 에서 찾아 쓰시오.

1 thorough → _____

2 grief → _____

3 tease → _____

보기
sorrow
complete
make fun of

C 우리말과 일치하도록 알맞은 영어단어를 써넣어 문장을 완성하시오.

1 My neighbor Mike is a good _____ to hang out with.
내 이웃 Mike는 어울리기에 좋은 친구이다.

2 Unlike people, a robot can deal with _____ tasks at a time.
사람들과 달리 로봇은 다수의 일을 한번에 처리할 수 있다.

3 The food photos in the ads _____ the viewers' appetites.
광고에 나오는 음식 사진들은 보는 사람들의 식욕을 자극한다.

4 It took time for the retired solider to get used to the _____ life.
그 퇴직 병사가 민간 생활에 익숙해지는 데는 시간이 걸렸다.

5 I already _____d a table for five for tonight at 8.
나는 이미 오늘밤 8시에 다섯 명을 위한 자리 하나를 예약했다.

6 The tourists watched tropical fish swimming _____ the boat.
그 관광객들은 보트 아래에서 열대어들이 헤엄치고 있는 것을 구경했다.

7 Korean _____s took an active role in the Vietnam War.
한국군은 베트남 전쟁에서 적극적인 역할을 했다.

8 You must show your _____ to board your flight.
비행기에 탑승하려면 여권을 보여주셔야 합니다.

9 The students were allowed to wear _____ clothes for the trip.
그 학생들은 그 여행 동안 평상복을 입는 것이 허용되었다.

10 Don't _____ me! I'm in the middle of something.
나를 괴롭히지 마! 뭐 좀 하고 있잖아.

D 밑줄 친 부분을 바르게 고쳐 문장을 다시 쓰시오.

1 The teams are classified to two groups: junior and senior.

→ _____

2 Michelle Obama is the woman I aspire to being like.

→ _____

24

---

381 classic
[klǽsik]

⑱ 일류의/최고 수준의, 전형적인/대표적인

• Columbia produces **classic** coffee flavors: deep and clean.
콜롬비아는 깊고 깔끔한 최고 수준의 커피 풍미를 만들어낸다.

• *Romeo and Juliet* is a ＿＿＿＿＿ example of tragic love.
'Romeo and Juliet'은 비극적인 사랑의 대표적인 예이다.

---

382 flame
[fleim]

⑲ 불꽃, 화염 ⑧ 활활 타오르다

• The firefighter rushed into the house in **flames** to save a child.
그 소방관은 아이를 구하러 불길에 휩싸인 집으로 돌진해 들어갔다.

• The logs in the fireplace ＿＿＿＿＿d through the night.
벽난로의 통나무들은 밤새 활활 타올랐다.

---

383 peak
[pi:k]

⑲ 산꼭대기, 최고조 ⑱ 절정의

• The traffic in the downtown area reaches its **peak** at around 8.
도심 지역의 교통은 8시경 최고조에 달한다.

• Summer is the ＿＿＿＿＿ season for overseas travel.
여름은 해외 여행이 절정에 이르는 계절이다.

---

384 tunnel
[tʌ́nəl]

⑲ 터널, 지하도

• The **tunnel** through the hill reduced my commuting time to school.
언덕을 통과하는 그 터널은 내 통학 시간을 줄여주었다.

• An underground ＿＿＿＿＿ links England and France.
지하 터널은 영국과 프랑스를 잇는다.

---

385 leisure
[líːʒər]

⑲ 여가, 한가함 ⑱ 여가용의

• The old man enjoyed a life of **leisure** after he retired.
그 노인은 은퇴 후에 한가로운 삶을 즐겼다.

• The professor writes poems as a ＿＿＿＿＿ activity.
그 교수는 여가 활동으로 시를 쓴다.

---

386 endure
[indʒúər]

⑧ 견디다, 지속하다

⑪ bear 견디다

• Marathoners **endure** hours of pain to cross the finish line.
마라톤 주자들은 결승선을 넘기 위해 몇 시간의 고통을 견디어 낸다.

• I hope our friendship will ＿＿＿＿＿ forever.
나는 우리의 우정이 영원히 지속되기를 바란다.

---

387 exclude
[iksklú:d]

⑧ 제외하다

⑭ include 포함시키다

✦ exclude A from B: A를 B에서 제외하다

• We decided to **exclude** the museum visit from our trip.
우리는 여행에서 박물관 방문을 빼기로 결정했다.

• I started a special diet that ＿＿＿＿＿s dairy products.
나는 유제품을 제외하는 특별한 다이어트를 시작했다.

---

388 individual
[ìndəvídʒuəl]

(형) 개인의, 개개의

individually (부) 개별적으로

- Teachers should respect students' **individual** differences.
  교사들은 학생들의 개인차를 존중해야 한다.
- Can you send me a price list of the _____ items?
  제게 개별 물품의 가격표를 보내주시겠어요?

389 sacrifice
[sǽkrəfàis]

(명) 희생, 제물   (동) 희생하다

- The tribe still has the custom of offering **sacrifices** to their gods.
  그 부족은 여전히 자신들의 신에게 제물을 바치는 관습이 있다.
- The dog _____ d himself to save the owner's baby.
  그 개는 주인의 아기를 구하기 위해 자신을 희생했다.

390 destruction
[distrΛkʃən]

(명) 파괴, 파멸

destroy (동) 파괴하다

- The **destruction** of forests caused the loss of natural habitats.
  삼림의 파괴로 인해 자연 서식지가 유실되었다.
- In the end, the superhero saved the world from _____.
  결국, 그 슈퍼히어로는 세상을 파멸로부터 구했다.

391 register
[rédʒistər]

(동) (공식 명부에) 등록하다, 기록하다   (명) 등록부, 기록부

registration (명) 등록

- **Register** the birth of your baby within a month of birth.
  아기가 태어나고 한 달 이내에 출생신고를 하세요.
- The detective is looking for the missing hotel _____.
  그 형사는 사라진 호텔 숙박부를 찾고 있다.

392 technology
[teknάlədʒi]

(명) (과학) 기술

technological (형) 기술적인

- Advanced **technologies** have helped us realize our dreams.
  선진 과학기술은 우리의 꿈을 실현시키는 데 도움을 주고 있다.
- The electric car is equipped with the latest _____.
  그 전기자동차는 최신 기술을 갖추고 있다.

393 ultimate
[Λltəmit]

(형) 최종적인, 근본적인

- The **ultimate** goal of entering a competition is to win.
  대회에 참가하는 최종 목적은 이기는 것이다.
- The sun is considered the _____ source of energy.
  태양은 에너지의 근본적인 원천으로 여겨진다.

394 comprise
[kəmpráiz]

(동) ~으로 구성되다, 차지하다

(유) consist of

- His new album **comprises** six songs including his latest hit song.
  그의 새 앨범은 자신의 최신 히트곡을 포함하여 6개의 곡으로 이루어져 있다.
- Dogs and cats _____ the majority of pets in Korea.
  개와 고양이는 한국에서 반려동물의 대다수를 차지한다.

395 tremendous
[triméndəs]

(형) (크기·양·액수 등이) 엄청난

(유) massive

- Adele has enjoyed **tremendous** popularity since her debut in 2008.
  Adele은 데뷔한 2008년부터 엄청난 인기를 누렸다.
- On the stormy night, the sailors faced _____ waves.
  폭풍우가 치던 밤에 그 선원들은 엄청나게 큰 파도와 마주했다.

396 shallow
[ʃǽlou]

(형) 얕은

반 deep 깊은

- We saw some kids swimming in the **shallow** stream.
  우리는 얕은 시냇물에서 아이들이 헤엄치는 것을 보았다.
- The dog dug a _____ hole and hid a bone there.
  그 개는 얕은 구멍을 파서 뼈 조각 하나를 그곳에 숨겼다.

---

397 attribute
[ətríbju:t]

(동) 원인으로 여기다 (명) 특성 [ǽtrəbjù:t]

✚ attribute A to B: A를 B 때문이라고 여기다

- The student **attributed** his poor grades to bad luck.
  그 학생은 자신의 나쁜 성적을 운이 없기 때문이라고 여겼다.
- Love and mercy are _____s that saints have shown.
  사랑과 자비는 성인들이 보여온 특성이다.

---

398 corporate
[kɔ́:rpərit]

(형) 기업의

corporation (명) 기업

- Some of the **corporate** profits should return to the community.
  기업 이익 중의 일부는 지역 사회로 되돌려 주어야 한다.
- Apple gives back some of its _____ profits to society.
  Apple사는 기업 이익의 일부를 사회에 되돌려 준다.

---

399 intimate
[íntəmit]

(형) 친밀한, 정통한

intimacy (명) 친밀함

- Humans have had **intimate** relationships with dogs for ages.
  인간은 오랫동안 개와 친밀한 관계를 가져왔다.
- An expert has an _____ knowledge of his field.
  전문가는 자신의 분야에 대해 정통한 지식을 갖고 있다.

---

400 subtle
[sʌ́tl]

(형) 미세한, 약한

반 obvious 분명한

- There are **subtle** differences between the identical twin brothers.
  그 일란성 쌍둥이 남자 형제간에는 미세한 차이가 있다.
- I didn't notice the _____ change in his hairstyle.
  나는 그의 헤어스타일의 미세한 변화를 알아차리지 못했다.

Check Up 정답 p.178

A 다음 영어단어의 우리말을 쓰시오.

1 technology	_____	2 tunnel	_____
3 sacrifice	_____	4 corporate	_____
5 ultimate	_____	6 intimate	_____
7 tremendous	_____	8 destruction	_____

B 다음 영어단어와 비슷한 의미를 가진 것을 보기 에서 찾아 쓰시오.

1 comprise → _____

2 endure → _____

3 tremendous → _____

보기 bear
massive
consist of

C 우리말과 일치하도록 알맞은 영어단어를 써넣어 문장을 완성하시오.

1 The traffic in the downtown area reaches its _____ at around 8.
도심 지역의 교통은 8시경 최고조에 달한다.

2 _____ the birth of your baby within a month of birth.
아기가 태어나고 한 달 이내에 출생신고를 하세요.

3 The firefighter rushed into the house in _____ s to save a child.
그 소방관은 아이를 구하러 불길에 휩싸인 집으로 돌진해 들어갔다.

4 The old man enjoyed a life of _____ after he retired.
그 노인은 은퇴 후에 한가로운 삶을 즐겼다.

5 His new album _____ s six songs including his latest hit song.
그의 새 앨범은 자신의 최신 히트곡을 포함하여 6개의 곡으로 이루어져 있다.

6 Columbia produces _____ coffee flavors: deep and clean.
콜롬비아는 깊고 깔끔한 최고 수준의 커피 풍미를 만들어낸다.

7 There are _____ differences between the identical twin brothers.
그 일란성 쌍둥이 남자 형제간에는 미세한 차이가 있다.

8 Teachers should respect students' _____ differences.
교사들은 학생들의 개인차를 존중해야 한다.

9 Marathoners _____ hours of pain to cross the finish line.
마라톤 주자들은 결승선을 넘기 위해 몇 시간의 고통을 견디어 낸다.

10 We saw some kids swimming in the _____ stream.
우리는 얕은 시냇물에서 아이들이 헤엄치는 것을 보았다.

D 밑줄 친 부분을 바르게 고쳐 문장을 다시 쓰시오.

1 We decided to exclude the museum visit to our trip.

→ _____

2 The student attributed his poor grades from bad luck.

→ _____

A 영어단어를 듣고 빈칸에 쓰시오. 그 다음, 해당 단어의 우리말을 쓰시오. 🎧25

1 _____ ➡ ....
2 _____ ➡ ....
3 _____ ➡ ....
4 _____ ➡ ....
5 _____ ➡ ....
6 _____ ➡ ....
7 _____ ➡ ....
8 _____ ➡ ....
9 _____ ➡ ....
10 _____ ➡ ....
11 _____ ➡ ....
12 _____ ➡ ....
13 _____ ➡ ....
14 _____ ➡ ....
15 _____ ➡ ....
16 _____ ➡ ....

B 다음 영어문장이 우리말과 일치하면 O, 그렇지 않으면 X를 쓰시오.

1 The students are eagerly excluding the field trip to Tokyo.
그 학생들은 도쿄로의 현장체험학습을 열렬히 기대하고 있다. (　　)

2 My uncle is working for a research institute as a researcher.
우리 삼촌은 한 연구소에서 연구원으로 일하고 있다. (　　)

3 The tourists watched tropical fish swimming beneath the boat.
그 관광객들은 보트 아래에서 열대어들이 헤엄치고 있는 것을 구경했다. (　　)

4 The submarine rose upward near the water surface.
그 잠수함은 수면 근처까지 위로 상승했다. (　　)

5 The thorough goal of entering a competition is to win.
대회에 참가하는 최종 목적은 이기는 것이다. (　　)

6 The gold medalist shed tears in his moment of faith.
그 금메달 수상자는 영광의 순간에 눈물을 흘렸다. (　　)

7 *Romeo and Juliet* is a classic example of tragic love.
'Romeo and Juliet'은 비극적 사랑의 대표적인 예이다. (　　)

8 Hangeul is known for its artistic and practical merit.
한글은 예술적이고 실용적인 가치로 알려져 있다. (　　)

9 Korean troops took an active role in the Vietnam War.
한국군은 베트남 전쟁에서 적극적인 역할을 했다. (　　)

10 Printers have long been one of the main output devices.
프린터는 오랫동안 주된 출력 장치들 중 하나가 되어왔다. (　　)

C 다음 문장의 빈칸에 들어갈 알맞은 단어를 고르시오.

1 I could feel the winter coming from the _____ in the air.
① merit   ② chill   ③ glance   ④ illusion   ⑤ fellow

2 This camera _____ my dog while I am away.
① emits   ② creeps   ③ monitors   ④ edits   ⑤ sacrifices

3 The students were allowed to wear _____ clothes for the trip.
① casual   ② conscious   ③ solid   ④ ultimate   ⑤ comprehensive

4 My family moved to the _____ for more peaceful living conditions.
① glories   ② biographies   ③ protests   ④ suburbs   ⑤ flames

5 I almost died, memorizing the list of chemical _____.
① leisures   ② elements   ③ suicides   ④ faces   ⑤ certificates

6 I picked up the _____ to carry the party food to the garden.
① grip   ② companion   ③ troop   ④ tray   ⑤ institute

7 I already _____ a table for five for tonight at 8.
① split   ② aspired   ③ endured   ④ reserved   ⑤ tackled

8 The teacher _____ the "No Smoking" campaign to us.
① conformed   ② teased   ③ registered   ④ edited   ⑤ outlined

9 The traffic in the downtown area reaches its _____ at around 8.
① session   ② troop   ③ peak   ④ sociology   ⑤ currency

10 My Internet connection was _____ due to the virus.
① engaged   ② anticipated   ③ comprised   ④ emitted   ⑤ disrupted

11 The electric car is equipped with the latest _____.
① session   ② technology   ③ illusion   ④ summit   ⑤ embassy

12 When I hear the word "_____," Steve Jobs comes to mind.
① cigarette   ② classic   ③ innovation   ④ destruction   ⑤ currency

13 The student _____ his poor grades to bad luck.
① attributed   ② depicted   ③ glanced   ④ distributed   ⑤ starved

14 My mom cooked me chicken soup as a cold _____.
① output   ② summit   ③ remedy   ④ institute   ⑤ destination

15 Hindus don't kill cows because they are _____ to them.
① sacred   ② absent   ③ minimal   ④ civil   ⑤ temporary

D 다음 영어 설명에 해당하는 단어를 보기 에서 찾아 쓰시오.

보기	barn	grasp	absent	spill	pale
	embassy	passport	multiple	tunnel	shallow

1 not in the place where you have to be → _____

2 light in color or having lighter skin than usual → _____

3 an official document showing which country you are a citizen of → _____

4 to hold something or someone tightly → _____

5 having a short distance from the top to the bottom → _____

6 a part of a farm where farm animals are kept → _____

7 a place where officials work for their government in a foreign country → _____

8 a long passage under the ground, usually through a hill → _____

9 to accidently pour water, tea, etc. out of its container → _____

10 consisting of or involving many parts or many people → _____

E 다음 문장에 들어갈 알맞은 품사의 단어를 고르시오.

1 The movie is about the ⑲[tragedy / tragic] life of the last Chinese emperor.

2 The novel ⑧[depicts / depiction] the lives of the royal family in the 16th century.

3 My teacher cares for the ⑲[individually / individual] needs of his students.

4 I help my teacher ⑧[distribute / distribution] worksheets to the students.

5 The patient became ⑲[stable / stability] after he got a shot.

6 The cooking book ⑧[stimulation / stimulated] my interest in cooking.

7 Modern cars ⑧[emission / emit] less bad gases than old ones.

8 Pollution will eventually lead to the ⑲[destroy / destruction] of the environment.

9 Many dance teams from ⑲[diverse / diversity] cultures joined the dance festival.

10 Teachers should ⑧[interfere / interference] before their students' fights get violent.

정답 p.178

F 밑줄 친 부분과 의미가 비슷한 단어나 표현을 보기 에서 찾아 쓰시오.

보기   divided   faced   devoted   belief   huge
       complex   complete   sorrow   bear   consists of

1 The teacher has <u>dedicated</u> her life to teaching children.　→ ＿＿＿＿＿＿＿

2 I can't <u>endure</u> the hot weather so I'll buy an air conditioner.　→ ＿＿＿＿＿＿＿

3 The singer is enjoying <u>vast</u> popularity among teens.　→ ＿＿＿＿＿＿＿

4 The lady was in deep <u>grief</u> after the loss of her husband.　→ ＿＿＿＿＿＿＿

5 The teacher <u>split</u> us into two groups for the debate.　→ ＿＿＿＿＿＿＿

6 The pianist made a <u>thorough</u> preparation for his first concert.　→ ＿＿＿＿＿＿＿

7 This vocabulary book <u>comprises</u> 30 lessons of everyday words.　→ ＿＿＿＿＿＿＿

8 The robber ran away but <u>confronted</u> police officers soon.　→ ＿＿＿＿＿＿＿

9 The situation is too <u>complicated</u> to explain to you.　→ ＿＿＿＿＿＿＿

10 My friend Sam kept his <u>faith</u> in me despite the bad rumor about me.　→ ＿＿＿＿＿＿＿

G 밑줄 친 부분이 어법에 맞으면 O, 그렇지 않으면 X를 쓰시오.

1 My dog is always <u>starving for</u> my care. (　　)

2 Jack <u>tempted me to playing</u> online games with him. (　　)

3 Sam's creativity is <u>superior than</u> anyone else in class. (　　)

4 The marathoner <u>attributed his poor result to</u> the bad weather. (　　)

5 Nobody wants <u>to engage in</u> the troublesome matter. (　　)

6 A vegetarian <u>excludes meat and seafood with</u> his diet. (　　)

7 The Animal Association <u>is dedicated to the protection</u> of wild animals. (　　)

8 I wore my shirt inside out. That's why people <u>glanced to me</u>. (　　)

9 My mom <u>forbade me to playing</u> the guitar during the exam time. (　　)

10 The teacher <u>classified his students' reports into two groups</u>: good and bad. (　　)

A 영어단어는 우리말로, 우리말은 영어단어로 바꿔 쓰시오.

1 flaw		26 미덕, 덕목	
2 candidate		27 직물, 천	
3 suburb		28 빼앗다, 강탈하다	
4 exceed		29 분류하다	
5 companion		30 외교관, 사절	
6 crisp		31 요법, 치료법	
7 beneath		32 일부, 1인분	
8 innocent		33 파괴, 파멸	
9 overall		34 절차, 순서	
10 credit		35 풀린, 헐렁한	
11 burden		36 내뿜다, 방출하다	
12 evolve		37 가장 중요한, 최상의	
13 linguistic		38 뛰어 오르다	
14 sacred		39 말도 안 되는 소리	
15 impact		40 보안, 경비	
16 shave		41 전망, 예상	
17 urgent		42 기도하다	
18 initiate		43 기관, 협회	
19 counsel		44 진짜의, 진실한	
20 precise		45 타락한, 부패한	
21 bias		46 초기의, 첫 글자	
22 eyebrow		47 훈육, 훈육하다	
23 phase		48 회사, 확고한	
24 subtle		49 동정, 동조	
25 rational		50 철학	

B 우리말과 일치하도록 알맞은 영어단어를 써넣어 문장을 완성하시오.

1 Your mom called you about an _____ matter. 네 엄마가 긴급한 문제로 네게 전화했었다.

2 _____ the garlic bread into the soup before eating it. 마늘 빵을 먹기 전에 수프에 잠깐 담가라.

3 Generally, _____s determine how you look. 대체로 유전자는 네가 어떤 모습을 지니는지 결정한다.

4 Try to understand him before you _____ him. 그를 비난하기 전에 이해하도록 노력해라.

5 I really liked the _____ ending of the movie. 나는 그 영화의 극적인 결말을 정말 좋아한다.

6 How can I request a _____ for my purchase? 제 구매에 대한 환불을 어떻게 요청하나요?

7 The experiment failed due to a _____ error. 그 실험은 대수롭지 않은 실수로 실패했다.

8 I was embarrassed when I lost my _____ in Beijing. 나는 북경에서 여권을 잃어버렸을 때 당황했다.

9 I _____ed around the park to pass time. 나는 시간을 보내려고 공원을 거닐었다.

10 Sam planned the trip and I _____d the cost. Sam이 그 여행을 계획했고 나는 비용을 계산했다.

11 A contract should be clear, not _____. 계약은 모호하지 않고 명확해야 한다.

12 I want to _____ to an online English magazine. 나는 온라인 영어 잡지를 구독하고 싶다.

13 People were _____ for the second earthquake. 사람들은 두 번째 지진을 경계했다.

14 A real friend is one you can _____ on anytime. 진정한 친구는 네가 언제든 의지할 수 있는 친구이다.

15 These days, many _____ girls put on makeup. 요즘은 많은 십대 여자아이들이 화장을 한다.

16 Can you _____ Jin from her twin sister? 너는 Jin을 그녀의 쌍둥이 자매와 구별할 수 있니?

17 A _____ of students didn't like the lunch menu. 대부분의 학생들이 그 점심 메뉴를 좋아하지 않았다.

18 Think twice when you solve a _____ problem. 복잡한 문제를 풀 때는 두 번 생각하세요.

19 Eating organic food will _____ your health. 유기농 식품은 네 건강을 향상시킬 것이다.

20 The exhausted man _____ged his legs. 그 기진맥진한 남자는 자신의 다리를 질질 끌었다.

21 I can _____ myself to save my family. 나는 내 가족을 구하기 위해서 나 자신을 희생할 수 있다.

22 May God _____ all the newborn babies with happiness! 신생아들에게 신이 행복으로 축복하길!

23 The farmer keeps his tools in the _____. 그 농부는 자신의 도구를 헛간에 보관한다.

24 The rare trees only _____ Jeju Island. 그 희귀한 나무들은 단지 제주도에만 서식한다.

25 The detective caught the _____ near his house. 그 형사는 범인을 그의 집 근처에서 잡았다.

C 다음 문장에 들어갈 알맞은 단어를 고르시오.

1 We walked along the [core / lane / emphasis] outside our house.

2 My kid lost his baby teeth. Now I can see some [permanent / contrary / alert] teeth.

3 Good health is necessary to [precede / accomplish / wander] your goals.

4 Just one mistake ruined the chef's [reputation / enterprise / passport].

5 Click the icon, and you will [overlook / evaluate / log] on to the site.

6 Mr. Jackson has everything I [evolve / reform / desire].

7 The euro is the official [heritage / currency / suicide] of many European countries.

8 Google's Alphago [consisted / split / defeated] Lee Sedol in a five-game Go match.

9 The army took the quickest [route / beam / breast] over the mountain.

10 The youth training center [declares / accommodates / illustrates] up to 500 students.

11 The lifeguard performed CPR to [dispose / revive / leap] the drowning child.

12 We cut the pizza into six [prospects / portions / incentives].

13 The students [proposed / possessed / dragged] that the cafeteria change the lunch menu.

14 The prize winner attributed the [glory / agenda / flaws] to his family.

15 We should eat [desperate / dairy / vivid] products as part of a healthy diet.

16 Eating regularly is a key [troop / element / bias] in staying healthy.

17 Mr. Darcy is the [ancestor / agriculture / chairman] of the special committee.

18 The celebrity's first book is already out of [baggage / merit / stock].

19 Smiling is likely to [correspond / imply / tease] that you are happy.

20 I could feel the winter coming from the [screw / sympathy / chill] in the air.

21 A(n) [furious / tragic / overseas] trip is an opportunity to broaden your mind.

22 The ATM [rejected / prescribed / cited] my card because it had expired.

23 Street cleaners wear clothes that are [visible / overall / vague] in the darkness.

24 Advanced [accesses / tunnels / technologies] have helped us realize our dreams.

25 There is a(n) [imaginary / firm / broad] creature like a dragon in every culture.

D 다음 문장의 빈칸에 공통으로 들어갈 단어를 고르시오.

1 • Mr. Darcy has revealed his political _____.
• Some people will do anything to achieve their _____.
① ambitions　② lanes　③ habitats　④ flaws　⑤ platforms

2 • We _____ the long discussion without making any decisions.
• The judge _____ that Mr. Kim is not guilty.
① enhanced　② dedicated　③ concluded　④ engaged　⑤ teased

3 • Sam surprised me from behind and I _____ed my tea on my pants.
• Be careful not to _____ the juice.
① accomplish　② grip　③ tempt　④ spill　⑤ register

4 • The students became more _____ to win the game.
• The girls were very _____ about getting the concert ticket.
① corrupt　② competitive　③ naive　④ prime　⑤ decent

5 • Summer is the _____ season for overseas travel.
• From the _____ of the mountain, everything looked small.
① desire　② credit　③ peak　④ prospect　⑤ moisture

6 • The presenter was deeply _____ by the negative feedback.
• The singer's careless remarks _____ the audience.
① expanded　② dashed　③ disrupted　④ offended　⑤ adjusted

7 • Mom was _____ when Dad lost his wedding ring.
• The lion became _____ when the hyenas took his food.
① rival　② contrary　③ firm　④ visible　⑤ furious

8 • More than 20% of the Amazon rainforest has been _____.
• The small village was completely _____ by the sudden flood.
① prompted　② ruined　③ depicted　④ protested　⑤ conformed

9 • I _____ getting the product I ordered by tomorrow.
• I never _____d that our soccer team could lose a game.
① anticipate　② propose　③ reverse　④ resolve　⑤ starve

10 • Teenagers learn to live together by hanging out with their _____.
• Sam is my best friend among my _____ at school.
① portions　② presences　③ incentives　④ biases　⑤ peers

401 client
[kláiənt]

몡 고객, (전문적 서비스를 받는) 의뢰인

- Most banks provide online banking services for their **clients**.
  대부분의 은행은 고객들에게 온라인 뱅킹 서비스를 제공한다.
- The famous lawyer has many celebrity   s.
  그 유명한 변호사는 많은 유명인 의뢰인을 보유하고 있다.

402 forehead
[fɔ́(ː)rhed]

몡 이마

- The tennis player is wiping the sweat from his **forehead**.
  그 테니스 선수는 이마에 맺힌 땀을 닦아내고 있다.
- The pimples on my   really bother me.
  내 이마에 난 여드름이 정말 신경 쓰여.

403 penalty
[pénəlti]

몡 처벌, 불이익, 벌칙   유 punishment 벌

- The debate over the death **penalty** has come back recently.
  사형제도에 대한 토론이 최근에 다시 등장했다.
- I paid the   of 500 won for being late for school.
  나는 학교에 지각한 것에 대해 500원의 벌금을 냈다.

404 visual
[víʒuəl]

혱 시각의

- Students understand well when **visual** images are given.
  학생들은 시각적인 이미지가 주어졌을 때 잘 이해한다.
- Sharks can learn some   signals given with a stick.
  상어들은 막대기로 주어지는 몇 가지의 시각 신호를 배울 수 있다.

405 nowhere
[nóuhwɛ̀ər]

부 아무 데도/어디에도 (없다/않다) 몡 미지의 장소, 아무 데도 없는 곳

- It was too hot outside so my family went **nowhere** last weekend.
  밖이 너무 더워서 우리 가족은 지난 주말에 아무 데도 가지 않았다.
- The driver was shocked when a girl appeared from   .
  그 운전사는 한 여자아이가 난데없이 나타나자 깜짝 놀랐다.

406 escort
[éskɔːrt]

몡 호위대, 호송대 동 호위하다, 데려다 주다 [iskɔ́ːrt]

- After the president got out of the car, armed **escorts** followed him.
  대통령이 차에서 내린 후 무장한 호위대가 그를 따라다녔다.
- My bodyguard   s me everywhere I go.
  나의 경호원은 내가 가는 모든 곳이면 어디든 나를 호위한다.

407 infect
[infékt]

동 감염시키다, (균·사상 등을) 옮기다   infection 몡 감염, 전염

✚ infect A with B: A를 B로 감염/오염시키다

- The patient was **infected** with malaria through mosquito bites.
  그 환자는 모기에 물려서 말라리아에 감염되었다.
- Millions of people get   ed with the flu every year.
  매년 수백만 명의 사람들이 독감에 감염된다.

408 scramble
[skrǽmbl]

⑧ (손·발을 써서 기듯이) 이동하다, 서로 쟁탈하다

- We **scrambled** over the rocks to have the best view of the sea.
  우리는 가장 좋은 바다 전망을 갖기 위해 바위를 기어 올라갔다.
- Students _____ for library seats during exam time.
  학생들은 시험 기간 동안 도서관 자리를 차지하기 위해 쟁탈한다.

---

409 explode
[iksplóud]

⑧ (폭탄·감정 등이) 폭발하다　　explosion ⑲ 폭발　유 blow up 폭발시키다

- Don't throw the used lighter in the fire because it can **explode**.
  다 쓴 라이터는 폭발할 수 있으니 불에 버리지 마세요.
- Tom's face reddened, and he _____d with anger.
  Tom의 얼굴은 붉어졌고 그는 분노로 폭발했다.

---

410 detective
[ditéktiv]

⑲ 형사, 탐정, 수사관

- **Detectives** solve cases with clues, facts, and reasoning.
  형사들은 단서, 사실, 그리고 추론으로 사건을 해결한다.
- I dreamed of being a private _____ like Sherlock Holmes.
  나는 셜록 홈스와 같은 사설탐정이 되는 꿈을 꾸었다.

---

411 objective
[əbdʒéktiv]

⑲ 목표, 목적　⑱ 객관적인　　반 subjective 주관적인

- Set realistic **objectives** when you prepare for your exam.
  시험을 준비할 때 현실성 있는 목표를 세워라.
- Reporters write articles based on _____ facts.
  기자들은 객관적인 사실을 기반으로 기사를 쓴다.

---

412 threat
[θret]

⑲ 위협, 협박　　threaten ⑧ 위협하다

- Bullying is a serious **threat** to the mental health of the victim.
  따돌림은 피해자의 정신 건강에 심각한 위협이다.
- Plastic water bottles have become a major _____ to our environment.
  플라스틱 물병은 우리 환경에 주요 위협이 되었다.

---

413 venture
[véntʃər]

⑲ 모험, (신규) 사업　⑧ 모험하듯 (말)하다

- Kakao Talk started as a small **venture** company called IWILAB.
  카카오톡은 IWILAB이라고 불리는 작은 벤처기업으로 시작되었다.
- The slave _____d to say that he wanted freedom.
  그 노예는 자유를 원한다고 과감히 말했다.

---

414 conceal
[kənsíːl]

⑧ 숨기다, 감추다, 비밀로 하다　　유 hide 감추다

- The king **concealed** his identity and went around the village.
  그 왕은 자신의 정체를 숨기고 마을을 돌아다녔다.
- The Muslim woman _____ed her face under a hijab.
  그 무슬림 여자는 히잡으로 자신의 얼굴을 가렸다.

---

415 orient
[ɔ́ːriənt]

⑧ (새 환경에) 적응시키다, 지향하게 하다　　orientation ⑲ 지향, 오리엔테이션

- The principal helped us **orient** ourselves to the new school life.
  그 교장 선생님은 우리가 새 학교생활에 적응할 수 있도록 도와주셨다.
- The new class is _____ed to the needs of gifted students.
  그 새 수업은 영재 학생들의 필요에 맞춰져 있다.

416 conserve

[kánsə:rv]

(동) 보존하다, (에너지를) 절약하다

conservation (명)보존, 보호 (유)save

- Let's make a law to ban overfishing to **conserve** marine life.
  해양 생물을 보존하기 위해 남획을 금지하는 법을 만듭시다.
- We can　　　　　energy by using a pencil right to the end.
  우리는 연필을 끝까지 사용하는 것만으로도 에너지를 절약할 수 있다.

417 adequate

[ǽdəkwit]

(형) 적절한, 충분한

(유) enough 충분한

- No fat diet? Well, our body needs an **adequate** amount of fat.
  무지방 다이어트라고요? 글쎄요, 우리 몸은 적당한 양의 지방이 필요해요.
- ✚ adequate to+동사원형: ～하기에 충분한
- The evidence is　　　　　to support your claim.
  그 증거는 네 주장을 뒷받침하기에 충분하다.

418 ripe

[raip]

(형) 익은, 숙성한

- After the hot summer, the apples got **ripe** and ready to pick.
  더운 여름이 지나자 사과는 익었고 딸 준비가 되었다.
- Don't eat them until they are　　　　　, or you might get sick.
  숙성될 때까지 그것들을 먹지 마세요, 그렇지 않으면 배탈이 날지도 모릅니다.

419 imperial

[impí(:)əriəl]

(형) 제국의, 황제의

imperialism (명)제국주의

- The **imperial** army invaded and occupied many small countries.
  그 제국의 군대는 많은 작은 나라를 침략하여 점령했다.
- The Chinese　　　　　palace complex was like a maze.
  중국 황궁 건물은 미로처럼 복잡했다.

420 sufficient

[səfíʃənt]

(형) 충분한, 충족한

(유) enough 충분한

- Do we have **sufficient** time to arrive at the airport on time?
  우리가 제시간에 공항에 도착할 충분한 시간이 있나요?
- This computer isn't the best one, but it's　　　　　for me.
  이 컴퓨터가 최고는 아니지만 내게는 충분하다.

Check Up 정답 p.179

Ⓐ 다음 영어단어의 우리말을 쓰시오.

1 penalty ＿＿＿＿＿＿＿＿＿   2 detective ＿＿＿＿＿＿＿＿＿

3 forehead ＿＿＿＿＿＿＿＿＿   4 objective ＿＿＿＿＿＿＿＿＿

5 threat ＿＿＿＿＿＿＿＿＿   6 visual ＿＿＿＿＿＿＿＿＿

7 sufficient ＿＿＿＿＿＿＿＿＿   8 imperial ＿＿＿＿＿＿＿＿＿

B 다음 영어단어와 비슷한 의미를 가진 것을 보기 에서 찾아 쓰시오.

1 penalty → _____

2 explode → _____

3 conceal → _____

보기
blow up
hide
punishment

C 우리말과 일치하도록 알맞은 영어단어를 써넣어 문장을 완성하시오.

1 We can _____ energy by using a pencil right to the end.
우리는 연필을 끝까지 사용하는 것만으로도 에너지를 <u>절약할</u> 수 있다.

2 My bodyguard _____s me everywhere I go.
나의 경호원은 내가 가는 곳이면 어디든 나를 <u>호위한다</u>.

3 The famous lawyer has many celebrity _____s.
그 유명한 변호사는 많은 유명인 <u>의뢰인</u>을 보유하고 있다.

4 Kakao Talk started as a small _____ company called IWILAB.
카카오톡은 IWILAB이라고 불리는 작은 <u>벤처기업</u>으로 시작되었다.

5 We _____d over the rocks to have the best view of the sea.
우리는 가장 좋은 바다 전망을 갖기 위해 바위를 <u>기어 올라갔다</u>.

6 The driver was shocked when a girl appeared from _____.
그 운전사는 한 여자아이가 <u>난데없이</u> 나타나자 깜짝 놀랐다.

7 The new class is _____ed to the needs of gifted students.
그 새 수업은 영재 학생들의 필요에 <u>맞춰져 있다</u>.

8 After the hot summer, the apples got _____ and ready to pick.
더운 여름이 지나자 사과는 <u>익었고</u> 딸 준비가 되었다.

9 The Muslim woman _____ed her face under a hijab.
그 무슬림 여자는 히잡으로 자신의 얼굴을 <u>가렸다</u>.

10 Don't throw the used lighter in the fire because it can _____.
다 쓴 라이터는 <u>폭발할</u> 수 있으니 불에 버리지 마세요.

D 밑줄 친 부분을 바르게 고쳐 문장을 다시 쓰시오.

1 Millions of people <u>get infected for flu</u> every year.

→ _____

2 The evidence is <u>adequate to supporting your claim</u>.

→ _____

27

---

421 combat
[kʌ́mbæt]

⊙ 전투, 싸움 ⊙ 싸우다 [kəmbǽt]

유 battle 전투

- The soldiers were nervous before they went into **combat**.
  그 군인들은 전투에 나가기 전에 불안해한다.
- The whole world will _____ terrorism until it disappears.
  전 세계는 테러리즘이 사라질 때까지 싸울 것이다.

---

422 former
[fɔ́ːrmər]

⊙ 전임의, 전자의, 이전의

유 previous 전의   반 latter 후자의

- As a **former** Olympic Champion, Kim Yuna still skates gracefully.
  전 올림픽 챔피언으로서 김연아는 여전히 우아하게 스케이트를 탄다.
- I ran across my _____ math teacher on the street.
  나는 길거리에서 이전 수학 선생님과 우연히 마주쳤다.

---

423 port
[pɔːrt]

⊙ 항구, 항만

- The **port** is crowded with passengers at this time of day.
  그 항구는 하루 중 이맘때 승객들로 붐빈다.
- Busan, as a _____ city, gives out the smell of the sea.
  부산은 항만 도시로서 바다 내음을 풍긴다.

---

424 voluntary
[vɑ́ləntèri]

⊙ 자발적인, 지원의, 자원봉사의

- Helping the old woman carry her bags was purely **voluntary**.
  노부인이 짐을 나르는 것을 도와준 일은 순전히 자발적이었다.
- I do some _____ work at a local hospital regularly.
  나는 지역 병원에서 정기적으로 자원봉사를 한다.

---

425 permit
[pəːrmít]

⊙ 허용하다, 허락하다, 내버려 두다

permission ⊙ 허락

+ permit A to+동사원형 : A가 ~하도록 허락하다

- My parents **permitted** me to sleep over at John's house.
  우리 부모님은 내가 John의 집에서 자는 것을 허락하셨다.
- Only kids with an adult are _____ted to enter the pool.
  어른과 함께 온 아이들만이 수영장에 들어가는 것이 허용된다.

---

426 fade
[feid]

⊙ (점차) 사라지다, (색이) 바래다, 시들다

- The popularity of K-pop will not **fade** in Asia anytime soon.
  K-pop의 인기가 조만간 아시아에서 사라지지는 않을 것이다.
- As you wash clothes, they will _____ in color.
  네가 옷을 세탁함에 따라 옷들은 색이 바랠 것이다.

---

427 secure
[sikjúər]

⊙ 안전한, 안정감 있는 ⊙ 안전하게 하다

security ⊙ 안보   반 insecure 불안한

- There is no place **secure** from terrorists.
  테러범들로부터 안전한 장소는 없다.
- I included special characters in my password to make it _____.
  나는 비밀번호를 안전하게 만들기 위해 특수문자를 포함시켰다.

428 intense
[inténs]

형 강렬한, 극심한

intensify 동 강렬하게 만들다

- People are sunbathing under the **intense** sunlight at the beach.
  사람들은 해변의 강렬한 햇볕 아래에서 일광욕을 하고 있다.
- A man screamed in   pain in the ER.
  한 남자는 응급실에서 극심한 고통으로 비명을 질렀다.

---

429 legal
[líːgəl]

형 법률의, 합법적인

반 illegal 불법적인

- Students learn about diverse **legal** systems and compare them.
  학생들은 다양한 법률제도를 배우고 비교한다.
- Selling cigarettes to minors is not   in Korea.
  미성년자에게 담배를 파는 것은 한국에서는 합법적이지 않다.

---

430 fierce
[fiərs]

형 사나운, 맹렬한

- The **fierce** hunting dogs chased a deer and bit its leg.
  그 사나운 사냥개들은 사슴을 쫓아가서 다리를 물어뜯었다.
-          competition often breaks up a friendship.
  치열한 경쟁은 종종 우정을 깨곤 한다.

---

431 province
[právins]

명 (행정구역의) 도, 성, 주, 《pl.》 (수도나 대도시 외의) 지방

- Chungbuk is the only **province** that has no contact with the sea.
  충북은 바다와 인접하지 않은 유일한 도이다.
- We traveled around the   s instead of the major cities.
  우리는 주요 도시 대신에 지방을 여행했다.

---

432 tense
[tens]

형 긴장한, 뻣뻣한   명 (문법에서) 시제

tension 명 긴장

- Take a warm bath to relax your **tense** muscles.
  긴장한 근육을 풀어주기 위해 따뜻한 목욕을 해라.
- We should memorize the irregular past   verbs.
  우리는 불규칙 과거 시제 동사를 외워야 한다.

---

433 interpret
[intə́ːrprit]

동 해석하다, 통역하다

interpretation 명 해석

- People **interpret** dreams to understand their hidden meanings.
  사람들은 꿈의 숨겨진 의미를 이해하기 위해 꿈을 해석한다.
- I   ed for the American visitors at my school.
  나는 우리 학교에 온 미국인 방문객들에게 통역을 해주었다.

---

434 administer
[ədmínistər]

동 (조직 · 국가 등을) 관리하다, 집행하다

administration 명 행정

- The London Community Foundation **administers** the charity fund.
  런던 커뮤니티 재단이 그 자선 기금을 관리한다.
- The law is   ed through a system of courts.
  그 법은 법원 제도를 통해 집행된다.

---

435 grant
[grænt]

동 주다, (소원 등을) 이루어주다

유 give 주다

- The City Hall has **granted** scholarships to orphans.
  시청은 고아들에게 장학금을 주어왔다.
- If you wish on a star, your wish will be   ed.
  만일 별에 소원을 빌면 네 소원은 이루어질 것이다.

436 dependent [dipéndənt] (형) 의존하는, 달려있는   depend (동)의지하다   dependence (명)의존

+ dependent on ~: ~에 의존하는, ~에 달려있는

- We are more **dependent** on hearing than seeing in the dark.
  우리는 어둠 속에서는 보는 것보다 듣는 것에 더 의존한다.
- Your future is   on your talent and efforts.
  너의 미래는 너의 재능과 노력에 달렸다.

437 exclusive [iksklú:siv] (형) 전용의, 독점적인   exclude (동)제외하다

- The **exclusive** interview with the celebrity will be on TV tonight.
  그 유명인과의 독점 인터뷰는 오늘 밤 방영될 것이다.
- Dad has the   right to select TV channels on Sundays.
  일요일에는 아빠가 TV 채널을 선택할 수 있는 독점적인 권리가 있다.

438 critic [krítik] (명) 평론가, 비평가

- The actor got a prize given by the Film **Critics** Association.
  그 배우는 영화평론가협회에서 주는 상을 받았다.
- Most   s have loved the *Harry Potter* books from Book I.
  대부분의 비평가들은 '해리포터' 책을 1권부터 좋아해 왔다.

439 justify [dʒʎstəfài] (동) 정당화하다, 해명하다

- Don't make silly excuses to **justify** your laziness.
  네 게으름을 정당화하기 위해 어리석은 변명을 하지 마라.
- The student had to   his absence to his teacher.
  그 학생은 그의 선생님에게 자신의 결석을 해명해야 했다.

440 proceed [prəsí:d] (동) 계속 진행하다, 계속 가다

+ proceed to+동사원형: 계속하여 ~하다

- Dad tasted the soup first, and **proceeded** to eat another dish.
  아빠는 먼저 수프 맛을 보고 계속해서 또 다른 음식을 드셨다.
- After a short break, Dr. Kim   ed with his lecture.
  짧은 휴식 후에 김박사님은 강의를 계속 진행했다.

Check Up 정답 p.180

Ⓐ 다음 영어단어의 우리말을 쓰시오.

1 grant   2 exclusive

3 fierce   4 interpret

5 intense   6 critic

7 justify   8 legal

B 다음 영어단어와 비슷한 의미를 가진 것을 보기 에서 찾아 쓰시오.

1 grant → _____

2 combat → _____

3 former → _____

보기 battle
previous
give

C 우리말과 일치하도록 알맞은 영어단어를 써넣어 문장을 완성하시오.

1 Take a warm bath to relax your _____ muscles.
긴장한 근육을 풀어주기 위해 따뜻한 목욕을 해라.

2 As you wash clothes, they will _____ in color.
옷을 세탁함에 따라 옷들은 색이 바랠 것이다.

3 Dad tasted the soup first, and _____ed to eat another dish.
아빠는 먼저 수프 맛을 보고 계속해서 또 다른 음식을 드셨다.

4 I included special characters in my password to make it _____.
나는 비밀번호를 안전하게 만들기 위해 특수문자를 포함시켰다.

5 The London Community Foundation _____s the charity fund.
런던 커뮤니티 재단이 그 자선 기금을 관리한다.

6 We traveled around the _____s instead of the major cities.
우리는 주요 도시 대신에 지방을 여행했다.

7 Helping the old woman carry her bags was purely _____.
노부인이 짐을 나르는 것을 도와준 일은 순전히 자발적이었다.

8 The whole world will _____ terrorism until it disappears.
전 세계는 테러리즘이 사라질 때까지 싸울 것이다.

9 The _____ is crowded with passengers at this time of day.
그 항구는 하루 중 이맘때 승객들로 붐빈다.

10 I ran across my _____ math teacher on the street.
나는 길거리에서 이전 수학 선생님과 우연히 마주쳤다.

D 밑줄 친 부분을 바르게 고쳐 문장을 다시 쓰시오.

1 Only kids with an adult are permitted to entering the pool.

→ _____

2 We are more dependent of hearing than seeing in the dark.

→ _____

28

---

441 cope
[koup]

(동) 대처하다, 대응하다

(유) deal 대처하다

➕ cope with ~: ~에 대처하다, ~을 다루다

• Having an enjoyable hobby is the best way to **cope** with stress.
즐길 수 있는 취미를 만드는 것은 스트레스에 대처하는 가장 좋은 방법이다.

• Teachers and parents should cooperate to ＿＿＿＿＿ with bullying.
교사와 학부모들은 따돌림에 대처하기 위해 협력해야 한다.

---

442 gamble
[gǽmbl]

(동) 도박하다, 투기하다   (명) 도박, (도박 같은) 모험

gambler (명) 도박꾼

• Las Vegas is always busy with people who want to **gamble**.
라스베이거스는 도박하길 원하는 사람들로 항상 붐빈다.

• Studying abroad at a young age is a ＿＿＿＿＿ on your future.
어린 나이에 외국에 나가 공부하는 것은 미래를 건 모험이다.

---

443 pregnant
[prégnənt]

(형) 임신한

pregnancy (명) 임신

• Don't take a seat reserved for **pregnant** women even when it is empty.
임신부를 위한 자리는 비어 있을 때도 앉지 마세요.

• My dog has been ＿＿＿＿＿ for over two months.
나의 개는 2개월이 넘게 임신해 있다.

---

444 wheat
[hwiːt]

(명) 밀

• I like the pancakes that Mom made with the **wheat** flour dough.
나는 엄마가 밀가루 반죽으로 만들어주시는 팬케이크를 좋아한다.

• Whole ＿＿＿＿＿ bread is richer in fiber than white bread.
통밀빵은 흰 빵보다 섬유질이 더 풍부하다.

---

445 proverb
[právəːrb]

(명) 속담, 격언

• The **proverb**, "Practice makes perfect," applies to English learning.
'연습이 완벽함을 만든다'는 속담은 영어 학습에 적용된다.

• ＿＿＿＿＿s are short but contain our ancestors' wisdom.
격언은 짧지만 우리 선조들의 지혜를 담고 있다.

---

446 credible
[krédəbl]

(형) 믿을 만한, 신뢰할 수 있는

(유) reliable

• The news sounds strange, but I heard it from a **credible** source.
그 소식은 이상하게 들리지만 나는 그것을 믿을 만한 소식통에게서 들었다.

• Fortunetellers are not ＿＿＿＿＿ at all.
점쟁이들은 전혀 신뢰할 수 없다.

---

447 seek
[siːk]
seek-sought-sought

(동) 찾다, 구하다

• When you feel depressed, **seek** help from someone you trust.
우울할 때에는 당신이 신뢰하는 사람에게 도움을 청하세요.

• I'm ＿＿＿＿＿ing a part-time job for my summer trip.
나는 여름 여행을 위해 시간제 일자리를 찾고 있다.

---

448 **damp**
[dæmp]

형 축축한, 눅눅한

유 wet 축축한

- In the rainy season, even the bed sheets feel **damp**.
  장마철에는 심지어 침대 시트 조차도 축축한 느낌이 난다.
- Tell me how to get rid of the　　　　　smell in the bathroom.
  욕실의 눅눅한 냄새를 제거하는 방법을 말해 줘.

---

449 **loan**
[loun]

명 대출, 대여　동 빌려주다, 융자해주다

유 lend 빌려주다

- Many college students rely on student **loans** for their tuition fees.
  많은 대학생들은 수업료를 내기 위해 학자금 대출에 의존한다.
- Sam　　　　ed me his car while he is abroad.
  Sam은 해외에 나가 있는 동안 나에게 차를 빌려주었다.

---

450 **frustrate**
[frʌ́strèit]

동 좌절시키다

frustrated 형 좌절한　frustrating 형 좌절감을 주는

- What really **frustrates** me is that he consistently lies to me.
  정말로 나를 좌절하게 만드는 것은 그가 계속 나에게 거짓말을 하는 것이다.
- I was　　　　　d when I dropped the cake I spent hours making.
  나는 내가 몇 시간 동안 만든 케이크를 떨어뜨렸을 때 좌절했다.

---

451 **racial**
[réiʃəl]

형 인종의, 민족간의

race 명 인종

- Respect **racial** differences just like cultural differences.
  문화적 차이와 마찬가지로 인종적 차이를 존중하시오.
- Today, Korea is facing a new problem:　　　　conflicts.
  오늘날 한국은 인종 갈등이라는 새로운 문제에 직면하고 있다.

---

452 **tender**
[téndər]

형 다정한, 연약한, 연한

- What changes kids is not punishment but **tender** words.
  아이를 변화시키는 것은 벌이 아니라 다정한 말이다.
- This restaurant is popular for its　　　　　, juicy steaks.
  이 음식점은 연하고 육즙이 많은 스테이크로 인기가 많다.

---

453 **landscape**
[lǽndskèip]

명 풍경, 경관

- Mt. Jiri shows off its **landscapes** with thick forests.
  지리산은 울창한 숲을 지닌 풍경을 뽐낸다.
- The new buildings destroyed the　　　　　of the river.
  그 새 건물들이 강의 경치를 해쳤다.

---

454 **assert**
[əsə́:rt]

동 (강하게) 주장하다, 단언하다

유 argue 주장하다

- Scientists never **assert** their theories without scientific evidence.
  과학자들은 과학적 증거 없이는 결코 자신의 이론을 주장하지 않는다.
  ✚ assert that ~: ~라고 주장하다
- The lawyer　　　　　ed that his client was not guilty.
  그 변호사는 자신의 의뢰인이 죄가 없다고 주장했다.

---

455 **overlap**
[óuvərlæ̀p]

동 겹치다, 중복되게 하다

- I just found out that our appointment **overlaps** with my class.
  나는 이제야 우리 약속 시간과 내 수업 시간이 겹친다는 것을 알았어.
- Your reports　　　　　each other. Who copied whose report?
  너희들의 보고서가 겹치는구나. 누가 누구의 보고서를 베낀 거니?

456 immigrant
[íməgrənt]

(명) 이민자, 이주민

immigrate (명)이주하다   immigration (명)이민

- Is our society ready to accept **immigrants** as our neighbors?
  우리 사회는 이민자들을 우리의 이웃으로 받아들일 준비가 되어있는가?
- These days it is not rare to see _____ workers in Korea.
  요즘 한국에서 이주민 노동자를 보는 것은 드문 일이 아니다.

---

457 predator
[prédətər]

(명) 포식자, 약탈자

- Lions stand on the top of the food chain as **predators**.
  사자는 포식자로 먹이 사슬의 꼭대기를 차지한다.
- America was like a _____ to African people long ago.
  오래 전에 미국은 아프리카 사람들에게 있어 약탈자와 같았다.

---

458 compromise
[kámprəmàiz]

(명) 타협, 절충   (동) 타협하다

- The parents of both sides reached a **compromise** on the fight.
  양쪽 부모님들은 그 싸움에 대한 타협에 도달했다.
- The principal never _____ s with corruption.
  그 교장 선생님은 결코 부패와 타협하지 않는다.

---

459 mechanism
[mékənìzəm]

(명) 기계장치, 짜임새, (일·기계가 이루어지는) 방법

- Swiss watches have a reputation for their delicate **mechanisms**.
  스위스 시계는 정교한 기계장치로 명성을 갖고 있다.
- The new _____ to solve student complaints is working.
  학생 불평을 해소하기 위한 새 방법이 통하고 있다.

---

460 trigger
[trigər]

(명) 방아쇠, 촉발, 도화선   (동) 유발시키다

- The hunters pulled the **trigger** at the deer running away.
  그 사냥꾼들은 도망치는 사슴을 향해 방아쇠를 당겼다.
- Free writing can be used to _____ our creativity.
  자유롭게 글쓰기는 우리의 창의력을 유발시키기 위해 사용될 수도 있다.

Check Up   정답 p.180

(A) 다음 영어단어의 우리말을 쓰시오.

1 racial	_____	2 credible	_____
3 frustrate	_____	4 immigrant	_____
5 overlap	_____	6 predator	_____
7 pregnant	_____	8 seek	_____

B 다음 영어단어와 비슷한 의미를 가진 것을 [보기] 에서 찾아 쓰시오.

1 credible   → _____

2 assert   → _____

3 damp   → _____

[보기]   argue   wet   reliable

C 우리말과 일치하도록 알맞은 영어단어를 써넣어 문장을 완성하시오.

1 Many college students rely on student _____s for their tuition fees.
많은 대학생들은 수업료를 내기 위해 학자금 대출에 의존한다.

2 Las Vegas is always busy with people who want to _____.
라스베이거스는 도박하길 원하는 사람들로 항상 붐빈다.

3 The principal never _____s with corruption.
그 교장 선생님은 결코 부패와 타협하지 않는다.

4 The hunters pulled the _____ at the deer running away.
그 사냥꾼들은 도망치는 사슴을 향해 방아쇠를 당겼다.

5 _____s are short but contain our ancestors' wisdom.
격언은 짧지만 우리 선조들의 지혜를 담고 있다.

6 Swiss watches have a reputation for their delicate _____s.
스위스 시계는 정교한 기계장치로 명성을 갖고 있다.

7 What changes kids is not punishment but _____ words.
아이를 변화시키는 것은 벌이 아니라 다정한 말이다.

8 I like the pancakes that Mom made with the _____ flour dough.
나는 엄마가 밀가루 반죽으로 만들어주시는 팬케이크를 좋아한다.

9 In the rainy season, even the bed sheets feel _____.
장마철에는 심지어 침대 시트 조차도 축축한 느낌이 난다.

10 Mt. Jiri shows off its _____s with thick forests.
지리산은 울창한 숲을 지닌 풍경을 뽐낸다.

D 밑줄 친 부분을 바르게 고쳐 문장을 다시 쓰시오.

1 Teachers and parents should cooperate to cope for bullying.

→ _____

2 The lawyer asserted whether his client was not guilty.

→ _____

461 copyright
[kápiràit]

명 저작권, 판권

• Who owns the **copyright** for the book, the writer or the publisher?
작가와 출판사 중 누가 그 책의 저작권을 갖고 있나요?

• Kids should know songs are protected by _____ law.
아이들은 노래가 저작권법에 의해 보호받는다는 것을 알아야 한다.

---

462 grand
[grænd]

형 웅장한, 찬란한, 성대한

• In India, there are many **grand** places like the Taj Mahal.
인도에는 타지마할과 같은 웅장한 곳들이 많이 있다.

• We had a _____ dinner to celebrate Dad's birthday.
우리는 아빠의 생신을 축하하기 위해 성대한 만찬을 차렸다.

---

463 proof
[pru:f]

명 증거, 증명   prove 동 증명하다   유 evidence 증거

+ proof that ~: ~라는 증거

• Australian scientists found **proof** that stress makes you sick.
호주의 과학자들은 스트레스가 여러분을 아프게 한다는 증거를 찾아냈다.

• Carry your student ID card as _____ of your identity.
여러분의 신원을 증명하는 것으로 학생증을 지니고 다니세요.

---

464 single
[síŋgl]

형 하나의, 1인용의, 독신의

• Photographers put a lot of meaning into a **single** photo.
사진작가들은 한 장의 사진 속에 많은 의미를 담는다.

• Today, products designed for _____ people are very popular.
오늘날 독신자들을 대상으로 만들어진 제품들이 매우 인기가 있다.

---

465 applicant
[ǽpləkənt]

명 지원자, 응모자   apply 동 지원하다

+ applicant for ~: ~에 대한 지원자

• The **applicants** for the competition should know the rules well.
그 대회의 지원자들은 그 규칙을 잘 알아야 한다.

• There were a total of 143 _____ s for the job.
그 일자리에 총 143명의 지원자가 있었다.

---

466 divorce
[divɔ́:rs]

명 이혼   동 이혼시키다

• After the **divorce** of his parents, Sam became a problem student.
부모님의 이혼 후로 Sam은 문제 학생이 되었다.

• Tom's parents got _____ d when he was a kid.
Tom의 부모님은 그가 아이였을 때 이혼했다.

---

467 shelter
[ʃéltər]

명 주거지, 대피소, 보호소, 쉼터

• A safe **shelter** has been our basic need since ancient times.
안전한 주거지는 고대부터 우리의 기본적인 요구였다.

• I do volunteer work at a _____ for the homeless.
나는 집 없는 사람들을 위한 쉼터에서 자원봉사를 한다.

468

marine

[mərí:n]

(형) 바다의, 선박의, 해군의

- The **marine** trash island in the Pacific Ocean is getting bigger.
  태평양에 있는 해양 쓰레기 섬은 점점 커지고 있다.
- Spain used its   power to colonize small countries.
  스페인은 작은 나라들을 식민지화하기 위해 해군력을 사용했다.

469

category

[kǽtəgɔ̀:ri]

(명) 분류, (철학, 자연과학 등에서의) 범주

- In the library, books are divided into many **categories**.
  도서관에서는 책이 많은 분류로 나뉘어 있다.
- South Korea falls into the   of developed country.
  대한민국은 선진국 범주에 속한다.

470

context

[kántekst]

(명) (글의) 문맥, (일의) 맥락, 전후 사정

- The **context** helps you understand individual sentences fully.
  문맥은 개개의 문장을 완전하게 이해하도록 돕는다.
- The boys told their teacher the   of the fight.
  그 남자아이들은 선생님에게 그 싸움의 전후 사정을 말했다.

471

launch

[lɔ:ntʃ]

(동) 발사하다, 시작하다

- The U.S.A. **launched** its first satellite, Explorer 1, in 1958.
  미국은 1958년 첫 번째 위성인 Explorer 1을 발사했다.
- My school   ed its "No Bullying" campaign today.
  우리 학교는 오늘 '따돌림 금지' 캠페인을 시작했다.

472

witness

[wítnis]

(동) 목격하다, 증언하다   (명) 목격자, 증인

- I couldn't fall asleep easily after I **witnessed** the car accident.
  그 자동차 사고를 목격한 후 나는 쉽게 잠이 들지 않았다.
- The police are looking for   es for the case.
  경찰은 그 사건의 목격자를 찾고 있다.

473

prejudice

[prédʒədis]

(명) 편견, 선입견   (유) bias 편견

- My P.E. teacher has a **prejudice** against fast-food restaurants.
  우리 체육 선생님은 패스트푸드 음식점에 대한 편견을 갖고 있다.
- We should correct racial   against foreigners.
  우리는 외국인에 대한 인종적 선입견을 바로잡아야 한다.

474

assure

[əʃúər]

(동) 확언하다, 장담하다

- Sam **assured** me that he would hand in the homework by Friday.
  Sam은 금요일까지 숙제를 제출하겠다고 장담했다.
- ✚ assure A of B: A에게 B를 보장하다
- The teacher   d us of his support for the club event.
  그 선생님은 우리에게 동아리 행사에 대한 지원을 보장하셨다.

475

insight

[ínsàit]

(명) 통찰력, 식견

- Fables show us our ancestors' **insight** into life.
  우화는 삶에 대한 우리 조상들의 통찰력을 보여준다.
- I gained some   into economics from the book.
  나는 그 책에서 경제학에 대한 식견을 얻었다.

476 **immigrate**
[íməgrèit]

⑧ 이민을 오다, 이주시키다

immigrant ⑲ 이민자   immigration ⑲ 이민

- People **immigrate** to another country hoping for a better life.
  사람들은 더 나은 삶을 희망하며 다른 나라로 이민을 간다.

  ✚ immigrate from A to B: A에서 B로 이민을 가다

- Hiromi wants to _____ from her country to Canada.
  Hiromi는 자신의 나라에서 캐나다로 이민 가길 원한다.

---

477 **recall**
[rikɔ́:l]

⑧ 떠올리다, 회수하다   ⑲ 소환, 회상, 회수

⑪ remember 떠올리다

- I think I met the man before, but I can't **recall** when and where.
  나는 그 남자를 전에 만났던 것 같은데 언제 어디서인지 떠오르지 않는다.

- A battery explosion caused a _____ of the product.
  배터리 폭발이 그 제품 회수의 원인이 되었다.

---

478 **contemporary**
[kəntémpərèri]

⑱ 현대의, 동시대의

- Popular K-dramas highlight **contemporary** Korean culture.
  인기 있는 한국 드라마들은 현대의 한국 문화를 부각시킨다.

  ✚ contemporary with ~: ~와 동시대인

- The unlucky composer Salieri was a _____ of Mozart.
  불행한 작곡가 살리에리는 모차르트와 동시대인이었다.

---

479 **mediate**
[mí:dèit]

⑧ (해결을 위해) 중재하다, 조정하다, (중개하여) 성사시키다

- Our club leader is good at **mediating** conflicts within the club.
  우리 동아리 리더는 동아리 내의 갈등 중재를 잘한다.

- The U.N. _____s peace talks between countries at war.
  국제연합은 전쟁 중에 있는 나라들 사이에 평화 회담을 성사시킨다.

---

480 **unify**
[jú:nəfài]

⑧ 통일하다, 통합하다

unification ⑲ 통합

- Qin Shi Huang was the first emperor who **unified** China.
  진시황은 중국을 통일시킨 첫 번째 황제이다.

- Sports play an important role in _____ing people.
  스포츠는 사람들을 통합하는 데 중요한 역할을 한다.

Check Up 정답 p.180

Ⓐ 다음 영어단어의 우리말을 쓰시오.

1 category _____

2 applicant _____

3 unify _____

4 context _____

5 copyright _____

6 insight _____

7 prejudice _____

8 contemporary _____

B 다음 영어단어와 비슷한 의미를 가진 것을 [보기] 에서 찾아 쓰시오.

1 proof → _____

2 prejudice → _____

3 recall → _____

[보기]
bias
remember
evidence

C 우리말과 일치하도록 알맞은 영어단어를 써넣어 문장을 완성하시오.

1 In India, there are many _____ places like the Taj Mahal.
인도에는 타지마할과 같은 웅장한 곳들이 많이 있다.

2 Tom's parents got _____d when he was a kid.
Tom의 부모님은 그가 아이였을 때 이혼했다.

3 The _____ trash island in the Pacific Ocean is getting bigger.
태평양에 있는 해양 쓰레기 섬은 점점 커지고 있다.

4 The U.N. _____s peace talks between countries at war.
국제연합은 전쟁 중에 있는 나라들 사이에 평화 회담을 성사시킨다.

5 Photographers put a lot of meaning into a _____ photo.
사진작가들은 한 장의 사진 속에 많은 의미를 담는다.

6 A safe _____ has been our basic need since ancient times.
안전한 주거지는 고대부터 우리의 기본적인 요구였다.

7 The police are looking for _____es for the case.
경찰은 그 사건의 목격자를 찾고 있다.

8 The U.S.A. _____ed its first satellite, Explorer 1, in 1958.
미국은 1958년 첫 번째 위성인 Explorer 1을 발사했다.

9 A battery explosion caused a _____ of the product.
배터리 폭발이 그 제품 회수의 원인이 되었다.

10 Carry your student ID card as _____ of your identity.
여러분의 신원을 증명하는 것으로 학생증을 지니고 다니세요.

D 밑줄 친 부분을 바르게 고쳐 문장을 다시 쓰시오.

1 The teacher assured us on his support for the club event.

→ _____

2 Hiromi wants to immigrate from her country for Canada.

→ _____

481 cottage
[kátidʒ]

명 오두막집, (시골·피서지의) 작은 별장

• I booked a whole **cottage** in the forest for the holiday.
나는 휴일을 위해 오두막집을 통째로 예약했다.

• The couple will have their wedding at the _____.
그 커플은 그 별장에서 결혼을 할 것이다.

---

482 guilty
[gílti]

형 유죄의, 죄책감이 드는

guilt 명 죄책감

• The man was found **guilty** of stealing money from a charity.
그 남자는 자선 단체로부터 돈을 훔친 것으로 유죄 판결이 났다.

• I couldn't help feeling _____ about cheating on the test.
나는 시험에서 부정행위를 한 것에 대해 죄책감이 들지 않을 수 없었다.

---

483 pump
[pʌmp]

명 펌프, 양수기   동 (물·공기 등을) 펌프질하다

• The heart is a kind of **pump** that sends blood to the entire body.
심장은 피를 몸 전체로 보내는 일종의 펌프이다.

• After the heavy rain, we _____ed water out of our house.
폭우가 그친 후 우리는 집 밖으로 물을 펌프질하여 퍼냈다.

---

484 spark
[spɑːrk]

명 불꽃, 불똥   동 불꽃을 일으키다, 촉발시키다

• When we lit the campfire, **sparks** flew around.
우리가 모닥불에 불을 붙였을 때 불꽃이 주변에 날렸다.

• The Beatles _____ed my interest in British pop culture.
비틀즈는 영국 대중문화에 대한 내 관심을 촉발시켰다.

---

485 dense
[dens]

형 빽빽한, 짙은

유 thick 빽빽한

• Just walking through the **dense** forest will relieve your stress.
단지 빽빽한 숲을 걷는 것만으로도 네 스트레스는 해소될 것이다.

• Beijing is surrounded by _____ smog almost every day.
북경은 거의 매일 짙은 스모그에 둘러싸여 있다.

---

486 flip
[flip]

동 (손가락으로) 튀기다, 홱 뒤집다   명 톡 던지기, 재주 넘기

• My grandma knows the perfect timing to **flip** pancakes.
우리 할머니는 팬케이크를 뒤집는 완벽한 타이밍을 아신다.

• Who will wash the dishes will be decided by the _____ of a coin.
누가 설거지를 할 것인지는 동전 던지기로 결정될 것이다.

---

487 bundle
[bʌ́ndl]

명 묶음, 꾸러미

유 package 묶음

• Buying a snack **bundle** costs less than buying them individually.
과자 묶음을 사는 것은 개별적으로 사는 것보다 비용이 더 적게 든다.

✚ a bundle of ~: 한 묶음의 ~

• I got a _____ of flowers for my birthday.
나는 생일에 꽃 한 다발을 받았다.

488 **overnight**
[òuvərnáit]

(부) 밤새도록, 하룻밤에   (형) 하룻밤의, 일박의 [óuvərnàit]
- The bridge collapsed when it rained heavily **overnight**.
  그 다리는 밤새도록 폭우가 내렸을 때 무너졌다.
- We are going to go on an   trip this weekend.
  우리는 이번 주말에 1박 여행을 갈 예정이다.

489 **caution**
[kɔ́:ʃən]

(명) 주의, 경고   (동) 주의를 주다   cautious (형) 조심스러운
- My uncle takes care of his baby with extreme **caution**.
  우리 삼촌은 자신의 아기를 극도로 주의해서 돌본다.
- The doctor   ed me against eating too much fast food.
  의사는 나에게 즉석 음식을 너무 많이 먹는 것에 대해 주의를 주었다.

490 **contract**
[kántrækt]

(명) 계약   (동) 계약을 맺다, 단축시키다 [kəntrǽkt]   contraction (명) 수축
- A child can make a legal **contract** if assisted by a parent.
  어린이도 부모에 의해 지원을 받는다면 법적인 계약을 할 수 있다.
- "It is" can be   ed to "It's."
  It is는 It's로 축약될 수 있다.

491 **liberal**
[líbərəl]

(형) 진보적인, 자유로운, 교양의
- Students learn to respect other opinions with a **liberal** attitude.
  학생들은 자유로운 태도를 갖고 다른 견해를 존중하도록 배운다.
- A   education encourages you to read classics.
  교양 교육은 여러분이 고전을 읽도록 장려합니다.

492 **worship**
[wə́:rʃip]

(명) 숭배   (동) 숭배하다
- We believed in spiritual trees, which is a kind of nature **worship**.
  우리는 신령한 나무의 존재에 대해 믿었는데, 이것은 일종의 자연 숭배이다.
- Ancient Romans   ped various gods like Zeus.
  고대 로마인들은 제우스와 같은 다양한 신들을 숭배했다.

493 **qualify**
[kwáləfài]

(동) 자격을 갖추다   qualification (명) 자격
✚ be qualified to+동사원형: ~할 자격을 갖추다
- My native English teacher is also **qualified** to teach music.
  우리 원어민 영어 선생님은 음악을 가르칠 자격도 있다.
- Japan failed to   for the World Cup.
  일본은 월드컵에 나갈 자격을 갖추지 못했다.

494 **attain**
[ətéin]

(동) (목표·희망 등을) 이루다, 도달하다   attainment (명) 성취   (유) accomplish 이루다
- The girl **attained** her hope to meet her idol in person.
  그 여자아이는 아이돌을 직접 만나고자 하는 희망을 이뤘다.
- The KTX can   speeds of up to 300km/h.
  KTX는 시속 300킬로미터 속도에 도달할 수 있다.

495 **inspect**
[inspékt]

(동) 조사하다, 점검하다   inspection (명) 검사
- The teacher **inspected** the classrooms to find things to repair.
  그 교사는 보수할 것을 찾기 위해 교실들을 조사했다.
- The airport customs officers   ed my backpack.
  그 공항세관원이 내 배낭을 조사했다.

496 **indicate**
[índəkèit]

(동) (손가락 등으로) 가리키다, 나타내다

indication (명) 지시, 표시

- The guide took out the map and **indicated** the next destination.
  그 가이드는 지도를 꺼내 다음 갈 곳을 가리켰다.

➕ indicate that ~: ~임을 나타내다

- A rainbow _____s that the rain is over.
  무지개는 비가 끝났다는 것을 나타낸다.

---

497 **substance**
[sʌ́bstəns]

(명) 물질, 실체

- I saw a sticky **substance** on my cheek in the mirror.
  나는 거울에서 볼에 묻은 끈적거리는 물질을 보았다.

- The rumor is believable, but it has no _____.
  그 소문은 믿을만하지만 실체는 없다.

---

498 **contradict**
[kʌ̀ntrədíkt]

(동) 모순되다, 부정하다

contradiction (명) 모순

- What you say shouldn't **contradict** what you do.
  네가 말하는 것이 네가 행하는 것과 모순되어서는 안 된다.

- Not all scientists _____ the claims of religious people.
  모든 과학자들이 종교인들의 주장을 부정하는 것은 아니다.

---

499 **momentary**
[móuməntèri]

(형) 찰나의, 순간적인

momentarily (명) 일시적으로

- Eating John's cake gave me a **momentary** feeling of guilt.
  John의 케이크를 먹은 것은 내게 순간적인 죄책감을 주었다.

- I gave her the wrong answer in a state of _____ confusion.
  순간적인 혼동 속에서 나는 그녀에게 잘못된 대답을 했다.

---

500 **vacuum**
[vǽkjuəm]

(명) 진공, 공백 (동) 진공청소기로 청소하다

- Space is a **vacuum** with no gases or air pressure.
  우주는 공기나 기압이 없는 진공 상태이다.

- It's my job to _____ the rooms on weekends.
  주말에 진공청소기로 방을 청소하는 것은 내 일이다.

Check Up 정답 p.180

A 다음 영어단어의 우리말을 쓰시오.

1 attain _____

2 substance _____

3 caution _____

4 momentary _____

5 worship _____

6 cottage _____

7 contradict _____

8 contract _____

B 다음 영어단어와 비슷한 의미를 가진 것을 보기 에서 찾아 쓰시오.

1 bundle → _____

2 dense → _____

3 attain → _____

보기 accomplish
thick
package

C 우리말과 일치하도록 알맞은 영어단어를 써넣어 문장을 완성하시오.

1 After the heavy rain, we _____ed water out of our house.
폭우가 그친 후 우리는 집 밖으로 물을 <u>펌프질하여 퍼냈다</u>.

2 The airport customs officers _____ed my backpack.
그 공항세관원이 내 배낭을 <u>조사했다</u>.

3 The Beatles _____ed my interest in British pop culture.
비틀즈는 영국 대중문화에 대한 내 관심을 <u>촉발시켰다</u>.

4 Space is a _____ with no gases or air pressure.
우주는 공기나 기압이 없는 <u>진공</u> 상태이다.

5 The bridge collapsed when it rained heavily _____.
그 다리는 <u>밤새도록</u> 폭우가 내렸을 때 무너졌다.

6 My grandma knows the perfect timing to _____ pancakes.
우리 할머니는 팬케이크를 <u>뒤집는</u> 완벽한 타이밍을 아신다.

7 Students learn to respect other opinions with a _____ attitude.
학생들은 <u>자유로운</u> 태도를 갖고 다른 견해를 존중하도록 배운다.

8 I couldn't help feeling _____ about cheating on the test.
나는 시험에서 부정행위를 한 것에 대해 <u>죄책감이</u> 들지 않을 수 없었다.

9 Beijing is surrounded by _____ smog almost every day.
북경은 거의 매일 <u>짙은</u> 스모그에 둘러싸여 있다.

10 I got a _____ of flowers for my birthday.
나는 생일에 꽃 한 <u>다발을</u> 받았다.

D 밑줄 친 부분을 바르게 고쳐 문장을 다시 쓰시오.

1 A rainbow <u>indicates</u> because the rain is over.

→ _____

2 My native English teacher is also <u>qualified to teaching</u> music.

→ _____

A 영어단어를 듣고 빈칸에 쓰시오. 그 다음, 해당 단어의 우리말을 쓰시오. 🎧31

1	_____ → _____		2	_____ → _____
3	_____ → _____		4	_____ → _____
5	_____ → _____		6	_____ → _____
7	_____ → _____		8	_____ → _____
9	_____ → _____		10	_____ → _____
11	_____ → _____		12	_____ → _____
13	_____ → _____		14	_____ → _____
15	_____ → _____		16	_____ → _____

B 다음 영어문장이 우리말과 일치하면 O, 그렇지 않으면 X를 쓰시오.

1 Proverbs are short but contain our ancestors' wisdom.
격언은 짧지만 우리 선조들의 지혜를 담고 있다. ( )

2 The U.S.A. frustrated its first satellite, Explorer 1, in 1958.
미국은 1958년 첫 번째 위성인 Explorer 1을 발사했다. ( )

3 Reporters write articles based on objective facts.
기자들은 객관적인 사실을 기반으로 기사를 쓴다. ( )

4 Who will wash the dishes will be decided by the flip of a coin.
누가 설거지를 할 것인지는 동전 던지기로 결정될 것이다. ( )

5 Take a warm bath to relax your tense muscles.
긴장한 근육을 풀어주기 위해 따뜻한 목욕을 해라. ( )

6 Eating John's cake gave me a momentary feeling of guilt.
John의 케이크를 먹은 것은 내게 순간적인 죄책감을 주었다. ( )

7 Don't eat them until they are ripe, or you might get sick.
숙성될 때까지 그것들을 먹지 마세요, 그렇지 않으면 배탈이 날지도 모릅니다. ( )

8 The soldiers were nervous before they went into caution.
그 군인들은 전투에 나가기 전에 불안해한다. ( )

9 Sam overlapped me his car while he is abroad.
Sam은 해외에 나가 있는 동안 나에게 차를 빌려주었다. ( )

10 The marine trash island in the Pacific Ocean is getting bigger.
태평양에 있는 해양 쓰레기 섬은 점점 커지고 있다. ( )

C 다음 문장의 빈칸에 들어갈 알맞은 단어를 고르시오.

1 Do we have _____ time to arrive at the airport on time?
① imperial   ② legal   ③ sufficient   ④ tense   ⑤ voluntary

2 Don't make silly excuses to _____ your laziness.
① orient   ② launch   ③ mediate   ④ assure   ⑤ justify

3 "It is" can be _____ to "It's."
① asserted   ② contracted   ③ pumped   ④ indicated   ⑤ permitted

4 We _____ over the rocks to have the best view of the sea.
① secured   ② divorced   ③ recalled   ④ scrambled   ⑤ cautioned

5 A safe _____ has been our basic need since ancient times.
① forehead   ② venture   ③ gamble   ④ loan   ⑤ shelter

6 I just found out that our appointment _____ with my class.
① compromises   ② overlaps   ③ vacuums   ④ escorts   ⑤ explodes

7 Popular K-dramas highlight _____ Korean culture.
① dense   ② voluntary   ③ racial   ④ contemporary   ⑤ fierce

8 As you wash clothes, they will _____ in color.
① administer   ② fade   ③ conceal   ④ proceed   ⑤ overlap

9 Whole _____ bread is richer in fiber than white bread.
① copyright   ② category   ③ worship   ④ wheat   ⑤ momentary

10 People _____ dreams to understand their hidden meanings.
① interpret   ② conserve   ③ trigger   ④ launch   ⑤ unify

11 Mt. Jiri shows off its _____ with thick forests.
① penalties   ② combats   ③ landscapes   ④ mechanisms   ⑤ substances

12 After the _____ of his parents, Sam became a problem student.
① divorce   ② detective   ③ critic   ④ proverb   ⑤ cottage

13 When we lit the campfire, _____ flew around.
① predators   ② insights   ③ sparks   ④ provinces   ⑤ tenses

14 Students understand well when _____ images are given.
① dependent   ② pregnant   ③ racial   ④ exclusive   ⑤ visual

15 What you say shouldn't _____ what you do.
① contradict   ② proceed   ③ flip   ④ inspect   ⑤ qualify

D 다음 영어 설명에 해당하는 단어를 [보기] 에서 찾아 쓰시오.

보기	client	escort	port	legal	frustrate
	trigger	witness	single	guilty	contract

1 a large area where ships come, stay, or go → _____

2 to make something happen or the part of a gun that is pulled to fire it → _____

3 not married or relating to one thing → _____

4 to make a legal agreement → _____

5 someone who uses the paid service of a lawyer, doctor, etc. → _____

6 feeling sorry for the bad thing you have done → _____

7 relating to or allowed by the law → _____

8 to make someone annoyed by stopping them from doing something → _____

9 people who follow and protect someone → _____

10 someone who watches a crime or accident → _____

E 다음 문장에 들어갈 알맞은 품사의 단어를 고르시오.

1 My neighbor is an 명[immigrate / immigrant] from Canada.

2 My school hired a guard to make it 형[security / secure].

3 Each student 동[interpreted / interpretation] the poem in their own way.

4 There were more than 500 명[apply / applicants] for the role of Hamlet.

5 My mom told me to wash the crystal glasses with 명[caution / cautious].

6 The big boy used 명[threaten / threats] to give orders to the small boys.

7 The swimmer 동[attained / attainment] his goal to set the world record.

8 We were all happy at the news that my sister got 형[pregnancy / pregnant].

9 Write about the ways to 동[conservation / conserve] the environment.

10 We hope to 동[unification / unify] the different opinions after the discussion.

정답 p.180

F 밑줄 친 부분과 의미가 비슷한 단어나 표현을 보기 에서 찾아 쓰시오.

보기	blow up	hid	previous	given	reliable
	wet	remember	bias	thick	accomplish

1 I really miss my <u>former</u> homeroom teacher. → _____

2 I cannot <u>recall</u> where I met the girl in the white dress. → _____

3 If the rumor came from Tom, it is not <u>credible</u> at all. → _____

4 Don't have a <u>prejudice</u> against people without proper reasons. → _____

5 I saw a car <u>explode</u> after the crash. → _____

6 My family helped Dad <u>attain</u> his goal to quit smoking. → _____

7 The scholarship was <u>granted</u> to Sam for his excellence in drawing. → _____

8 This year, the hot and <u>damp</u> summer started with heavy rain. → _____

9 At summer camp, we searched the <u>dense</u> forest to find treasures. → _____

10 My sister and I <u>concealed</u> the fact that we broke Mom's favorite vase. → _____

G 밑줄 친 부분이 어법에 맞으면 O, 그렇지 않으면 X를 쓰시오.

1 My dad <u>permitted me to participate</u> in the training camp. (　　)

2 Sam has <u>proof that you started the rumor</u> about me. (　　)

3 The life of the kid is <u>dependent at the doctor</u>. (　　)

4 The bride smiled with <u>a bundle of roses</u> in her hand. (　　)

5 Sam <u>assured me for his help</u> with my homework. (　　)

6 Mr. Hajito <u>immigrated from his country</u> to the U.S. to find a job. (　　)

7 A few kids <u>were infected from the disease</u> from water. (　　)

8 Many experts <u>assert that the accident was caused</u> by a landslide. (　　)

9 You'd better know how to <u>cope for the depression</u>. (　　)

10 My teacher is <u>qualified to teaching</u> both math and English. (　　)

A 영어단어는 우리말로, 우리말은 영어단어로 바꿔 쓰시오.

1 upward		26 환불, 환불하다	
2 thorough		27 바다의, 선박의	
3 majority		28 영광, 영예	
4 unify		29 숭배, 숭배하다	
5 sociology		30 외양간, 헛간	
6 vast		31 위협, 협박	
7 accommodate		32 시민의, 민간의	
8 ultimate		33 강화하다, 향상시키다	
9 troop		34 대사관	
10 teenage		35 놀리다, 괴롭히다	
11 conserve		36 감각, 돌풍	
12 peer		37 여가, 한가함	
13 tender		38 악력, 꽉 잡다	
14 innovation		39 전용의, 독점적인	
15 corporate		40 우수한, 상위의	
16 calculate		41 수평선, 지평선	
17 momentary		42 희생, 희생하다	
18 edit		43 유지, 관리	
19 temporary		44 포식자, 약탈자	
20 comprehensive		45 거닐다, 돌아다니다	
21 interpret		46 자각하는, 의식이 있는	
22 technology		47 자살	
23 starve		48 친밀한, 정통한	
24 approximately		49 통화, 화폐	
25 session		50 산꼭대기, 정상회담	

B 우리말과 일치하도록 알맞은 영어단어를 써넣어 문장을 완성하시오.

1 The hero _____ the difficulties in front of him. 그 영웅은 자신의 앞에 있는 어려움을 <u>극복했다</u>.

2 The British Museum is our next _____. 대영박물관이 우리의 다음 <u>여행지</u>이다.

3 Flying in the sky was an _____ in old times. 예전에 하늘을 나는 것은 <u>환상</u>이었다.

4 Sam got two _____s before he graduated. Sam은 졸업하기 전에 두 개의 <u>자격증</u>을 땄다.

5 Tom, will you help me _____ these books? Tom, 이 책들을 <u>분류하는</u> 것을 도와주겠니?

6 The _____ snowman melted away over the weekend. <u>단단한</u> 눈사람이 주말 동안 녹아내렸다.

7 I heard some _____ sounds of footsteps. 나는 <u>희미한</u> 발자국 소리를 들었다.

8 The main dish is a grilled chicken _____ with rice. 주 요리는 밥을 곁들인 구운 <u>닭가슴살</u>이다.

9 The man has firm _____ in his friends. 그 남자는 자신의 친구들에 대한 굳건한 <u>믿음</u>이 있다.

10 Sam, there is a fly on your _____! Sam, 네 <u>이마</u>에 파리가 한 마리 있어!

11 Tom is the only _____ in the election for class president. Tom은 반장 선거의 유일한 <u>후보자</u>다.

12 The fresh smell of bread _____ed me. 빵의 신선한 냄새가 나를 <u>유혹했다</u>.

13 The singer has the _____ for the famous song. 그 가수는 그 유명한 노래의 <u>저작권</u>을 갖고 있다.

14 What is the _____ meaning of that word? 그 단어의 <u>정확한</u> 의미는 무엇이니?

15 The old palace on fire disappeared in _____s. 불이 난 고궁은 <u>화염</u> 속에서 사라졌다.

16 The movie shows the _____ life of a girl. 그 영화는 한 소녀의 <u>비극적인</u> 삶을 보여준다.

17 I felt _____d when I didn't pass the exam. 나는 시험에 통과하지 못했을 때 <u>좌절했다</u>.

18 We went on a field trip to a farm in the _____. 우리는 <u>교외</u>에 있는 농장으로 현장체험학습을 갔다.

19 My _____ students gathered to celebrate my success. 내 <u>친구</u>들은 내 성공을 축하하려고 모였다.

20 The student felt _____ about breaking the door. 그 학생은 문을 부순 것에 <u>죄책감</u>을 느꼈다.

21 I took a nap in the warm spring _____. 나는 따뜻한 봄의 <u>미풍</u> 속에서 낮잠을 잤다.

22 My dad _____ted me to buy a new smartphone. 아빠는 내가 새 스마트폰을 사도록 <u>허락했다</u>.

23 Every student is given a big _____ locker. 모든 학생들은 커다란 <u>개인용</u> 사물함이 주어진다.

24 The stream is _____ enough to cross. 그 시내는 건너도 될 정도로 <u>얕다</u>.

25 The baby will start _____ing around. 그 아이는 곧 <u>기어다니기</u> 시작할 것이다.

C 문장에 들어갈 알맞은 단어를 고르시오.

1 The [security / burden / output] of cars per day increased by 10% this quarter.

2 The old lady has been in deep [beam / habitat / grief] since her son died.

3 The new student quickly [assessed / adjusted / dashed] himself to his class.

4 We purchased a litter [council / prospect / tray] for our pet cat.

5 *Romeo and Juliet* is a [broad / verbal / classic] example of tragic love.

6 First, I drew the [maintenance / counsel / outline] of the garden. Then, I drew plants in it.

7 The dog dug a [reverse / shallow / competitive] hole and hid a bone there.

8 I [tackled / prayed / starved] that no one would get hurt during the trip.

9 The heart is a kind of [ruin / horizon / pump] that sends blood to the entire body.

10 The five climbers [gazed / grasped / dedicated] the rope so they wouldn't fall from the cliff.

11 Sam sounded [casual / innocent / permanent], but his eyes were full of anger.

12 The detective [blessed / split / compelled] the suspect to confess.

13 This camera [monitors / dips / revives] my dog while I am away.

14 I like the pancakes that Mom made with the [wheat / lawn / spill] flour dough.

15 Compare the [merits / majority / ministry] of the high schools before you choose one.

16 The new book [calculated / stimulated / edited] the interest of many readers.

17 The result of the experiment [corresponds / shaves / inhabits] to what I expected.

18 Most banks provide online banking services for their [psychology / clients / cigarettes].

19 The man who is [reformed / engaged / anticipated] to my sister is German.

20 As a [crisp / precise / former] Olympic Champion, Kim Yuna still skates gracefully.

21 The suspect [resolved / subscribed / interfered] to tell everything about the crime.

22 The government will [accomplish / forbid / register] smoking in all public places.

23 The sun is considered the [ultimate / linguistic / criminal] source of energy.

24 Father William [dedicated / relied / comprised] his life to helping needy people.

25 I do volunteer work at a(n) [essence / shelter / credit] for the homeless.

D 다음 문장의 빈칸에 공통으로 들어갈 단어를 고르시오.

1 ┌ • Would you _____ these worksheets to the class?
  └ • The flight attendants started to _____ some snacks.

① glance   ② creep   ③ distribute   ④ tease   ⑤ reserve

2 ┌ • The _____ for the competition should know the rules well.
  └ • All the _____ were waiting for their turn to interview.

① sessions   ② applicants   ③ illusions   ④ trays   ⑤ companions

3 ┌ • Stress is usually caused by _____ factors.
  └ • The parents of the six children have _____ jobs for a living.

① teenage   ② tragic   ③ civil   ④ thorough   ⑤ multiple

4 ┌ • The new soap _____ my skin so I threw it away.
  └ • I was _____ by the noises from outside of my room.

① irritated   ② starved   ③ aspired   ④ interfered   ⑤ sacrificed

5 ┌ • The World Food Festival displays food from _____ cultures.
  └ • The invention club wants _____ ideas on everyday items.

① absent   ② minimal   ③ complicated   ④ diverse   ⑤ stable

6 ┌ • The debate over the death _____ has come back recently.
  └ • If you are late for school, you should pay the _____.

① outline   ② certificate   ③ penalty   ④ glory   ⑤ fellow

7 ┌ • A further investigation showed that the suspect is _____.
  └ • The money will be used to protect _____ kids from danger.

① sacred   ② innocent   ③ conscious   ④ pale   ⑤ solid

8 ┌ • I dreamed of being a private _____ like Sherlock Holmes.
  └ • The outstanding _____ is in charge of the murder case.

① detective   ② tackle   ③ merit   ④ grip   ⑤ troop

9 ┌ • Marathoners _____ hours of pain to cross the finish line.
  └ • If you can _____ the difficulties, a bright future will follow.

① confront   ② edit   ③ forbid   ④ endure   ⑤ stimulate

10 ┌ • Most paintings _____ Cupid as a baby with a bow and arrow.
   └ • In the biography, the doctor was _____ed as a friendly man.

① grasp   ② disrupt   ③ monitor   ④ tempt   ⑤ depict

501 counter

[káuntər]

(명) 계산대/판매대, 계측기

- The tip box on the **counter** is waiting for your change.
  계산대 위에 있는 팁 상자는 여러분의 잔돈을 기다리고 있습니다.
- The step   counts your steps while you are walking.
  그 만보기는 당신이 걷는 동안 걸음 수를 센다.

---

502 gun

[gʌn]

(명) 총, 총기

- A bullet from a toy **gun** hit the child's forehead.
  장난감 총의 탄환이 그 아이의 이마를 맞췄다.
- The shooting player aimed and fired his   at the target.
  그 사격 선수는 과녁을 향해 그의 총을 조준하고 발사했다.

---

503 murder

[mə́:rdər]

(명) 살인, 살해   (동) 살해하다   murderer (명) 살인자 (유) kill 죽이다

- I like to watch TV shows about unsolved **murder** cases.
  나는 미해결 살인 사건에 대한 텔레비전 프로그램 보기를 좋아한다.
- No one knows why the boy   ed his stepfather.
  그 소년이 왜 자신의 양아버지를 살해했는지 아무도 모른다.

---

504 theme

[θi:m]

(명) 주제, 테마

- "Peace in the World" is the main **theme** of the art festival.
  '세상의 평화'가 그 예술제의 주요 주제이다.
- The movie is known for its beautiful   music.
  그 영화는 아름다운 테마 음악으로 알려져 있다.

---

505 affair

[əféər]

(명) (관심사가 되는) 일, 문제, 관심사

- As a principal, Mr. Kim has many **affairs** to take care of.
  교장으로서 김 선생님은 돌봐야 할 많은 일이 있다.
- Nowadays, plastic surgery is a serious   to teens.
  요즘 성형 수술은 십대들에게 중대 관심사이다.

---

506 guarantee

[gæ̀rəntí:]

(명) 확실한 약속, 보장   (동) 보장하다

- I gave Dad a **guarantee** that I would not play computer games.
  나는 아빠에게 컴퓨터 게임을 하지 않겠다고 확약했다.
- ✛ guarantee that ~: ~임을 보장하다
- The guide   d that the trip would be fun and safe.
  그 가이드는 여행이 재미있고 안전할 것임을 보장했다.

---

507 triumph

[tráiəmf]

(명) 승리, 업적   (유) victory 승리

- ✛ triumph over ~: ~에 대한 승리
- We hope for a **triumph** over the former winner of the debate.
  우리는 전 토론 우승자에 대한 우리의 승리를 기원한다.
- We celebrated the runner's   with loud cheers.
  우리는 커다란 환호성으로 그 주자의 승리를 축하했다.

508 **outstanding**
[àutstǽndiŋ]

(형) 두드러진, 뛰어난

• Yuna won the gold medal for her **outstanding** performance.
연아는 자신의 뛰어난 공연으로 금메달을 땄다.

• The _____ student entered the best university in Korea.
그 뛰어난 학생은 한국에서 최고의 대학에 들어갔다.

---

509 **cease**
[si:s]

(동) 중지하다, 끝나다

(유) stop 중지하다

• After the heavy rain **ceased**, the summer heat started.
폭우가 멈춘 후 여름 폭염이 시작되었다.

➕ cease to+동사원형/동사원형-ing: ~하는 것을 멈추다

• My cousin _____ d visiting me after the big argument.
내 사촌은 커다란 언쟁이 있은 후 나를 찾아오지 않았다.

---

510 **convey**
[kənvéi]

(동) (생각·감정 등을) 전달하다, 나르다

(유) carry 나르다

• Books are an old means to **convey** information.
책은 정보를 전달하는 오래된 수단이다.

• It took him 30 minutes to _____ all of the facts to the police.
그가 경찰에 모든 사실을 전달하는 데 30분이 걸렸다.

---

511 **mature**
[mətʃúər]

(형) 성숙한, 숙성된   (동) 다 자라다

(반) immature 미성숙한

• Some teenage girls like to wear makeup to look **mature**.
일부 십대 여자아이들은 성숙하게 보이려고 화장하는 것을 좋아한다.

• My kids have _____ d enough to take a trip all alone.
내 아이들이 혼자 여행할 만큼 다 자랐다.

---

512 **disorder**
[disɔ́:rdər]

(명) 혼란, 무질서, (신체 기능의) 장애

• We just moved into a new house so every room is in **disorder**.
우리는 새집으로 방금 이사 와서 모든 방이 혼란스럽다.

• Warning: Extreme diets can cause eating _____ s.
경고: 극심한 다이어트는 식이장애를 일으킬 수 있습니다.

---

513 **remark**
[rimá:rk]

(명) 발언   (동) 언급하다

• People liked the comedian's witty **remarks** on politics.
사람들은 그 코미디언의 정치에 대한 재치 있는 발언을 좋아했다.

• The principal _____ ed on some students' dyed hair.
그 교장 선생님은 몇몇 학생들의 염색한 머리에 대해 언급했다.

---

514 **intermediate**
[ìntərmí:diit]

(형) (장소·상태·과정이) 중간의, (수준이) 중급의

• The KTX stops at only a few **intermediate** stations in big cities.
KTX는 대도시의 몇몇 중간 역에서만 정차한다.

• You can take the _____ class from next week.
너는 다음 주부터 중급반에서 공부해도 된다.

---

515 **disclose**
[disklóuz]

(동) (보이지 않던 것을) 드러내다, (비밀을) 폭로하다

• The morning sun **disclosed** the damage of last night's fire.
아침의 태양은 간밤의 화재의 피해를 드러냈다.

• A reporter _____ d that the celebrity married secretly.
한 기자가 그 유명인이 비밀리에 결혼했다는 것을 폭로했다.

516 behalf
[bihǽf]

(명) 측, 편

- My partner was sick so I did the presentation on her **behalf**.
  내 짝이 아파서 내가 그녀를 대신하여 발표를 했다.

  ✚ on behalf of ~: ~을 대표/대신해서

- John participated in the debate on   of my class.
  John이 우리 반을 대표하여 그 토론에 참여했다.

---

517 abuse
[əbjúːz]

(동) 학대하다, 혹사하다, 악용하다   (명) 남용, 오용, 학대 [əbjúːs]

- Don't **abuse** your eyes by watching TV with the lights off.
  불을 끄고 TV를 봐서 눈을 혹사시키지 마세요.

- Report suspected child   at this phone number.
  의심 가는 아동 학대는 이 전화번호로 신고하세요.

---

518 controversy
[kántrəvə̀ːrsi]

(명) 논란, 논쟁

- The high price of school uniforms led to a great **controversy**.
  교복의 비싼 가격은 커다란 논란을 낳았다.

- SNSs like Facebook caused a   over online privacy.
  페이스북과 같은 SNS는 온라인상의 사생활에 대한 논란을 불러일으켰다.

---

519 negotiate
[nigóuʃièit]

(동) 협상하다, 협의하다   negotiation (명) 협상

- My school is **negotiating** with EBS for online classes.
  우리 학교는 온라인 강좌를 위해 EBS와 협상하고 있다.

- Students learn to   in class meetings.
  학생들은 학급 회의에서 협의하는 법을 배운다.

---

520 valid
[vǽlid]

(형) (법적으로) 효력이 있는, 타당한

- When planning overseas travel, check if your passport is **valid**.
  해외여행을 계획할 때 당신의 여권이 유효한지 점검하세요.

- Don't be absent from school without a   reason.
  타당한 이유 없이 학교에 결석하지 마세요.

Check Up   정답 p.181

(A) 다음 영어단어의 우리말을 쓰시오.

1 outstanding _____   2 controversy _____

3 remark _____   4 affair _____

5 intermediate _____   6 negotiate _____

7 murder _____   8 valid _____

B 다음 영어단어와 비슷한 의미를 가진 것을 보기 에서 찾아 쓰시오.

1 convey → _____

2 cease → _____

3 murder → _____

보기
kill
stop
carry

C 우리말과 일치하도록 알맞은 영어단어를 써넣어 문장을 완성하시오.

1 The tip box on the _____ is waiting for your change.
계산대 위에 있는 팁 상자는 여러분의 잔돈을 기다리고 있습니다.

2 We just moved into a new house so every room is in _____.
우리는 새집으로 방금 이사 와서 모든 방이 혼란스럽다.

3 A bullet from a toy _____ hit the child's forehead.
장난감 총의 탄환이 그 아이의 이마를 맞췄다.

4 The morning sun _____d the damage of last night's fire.
아침의 태양은 간밤의 화재의 피해를 드러냈다.

5 The guide _____d that the trip would be fun and safe.
그 가이드는 여행이 재미있고 안전할 것임을 보장했다.

6 Some teenage girls like to wear makeup to look _____.
일부 십대 여자아이들은 성숙하게 보이려고 화장하는 것을 좋아한다.

7 Don't _____ your eyes by watching TV with the lights off.
불을 끄고 TV을 봐서 눈을 혹사시키지 마세요.

8 After the heavy rain _____d, the summer heat started.
폭우가 멈춘 후 여름 폭염이 시작되었다.

9 Books are an old means to _____ information.
책은 정보를 전달하는 오래된 수단이다.

10 "Peace in the World" is the main _____ of the art festival.
'세상의 평화'가 그 예술제의 주요 주제이다.

D 밑줄 친 부분을 바르게 고쳐 문장을 다시 쓰시오.

1 We hope for a triumph to the former winner of the debate.

→ _____

2 John participated in the debate on behalf at my class.

→ _____

---

521 **bond**
[bɑnd]

⊛ 결속, 접착   ⊛ 접착시키다, 유대감을 형성하다

- The sports day strengthened the **bond** between the classmates.
  그 체육대회는 그 반 친구들 간의 결속을 강화시켰다.
- You need a special type of glue to   metal to wood.
  금속을 나무에 접착시키려면 특별한 종류의 접착제가 필요하다.

---

522 **dull**
[dʌl]

⊛ 둔한, 흐릿한, 따분한

⊛ boring 따분한

- Watching too much TV makes you **dull** and fat.
  텔레비전을 너무 많이 보는 것은 너를 우둔하고 뚱뚱하게 만든다.
- With his legs broken, Sam spent many long,   days in bed.
  Sam은 다리가 부러져 침대에서 따분한 나날을 오랫동안 보냈다.

---

523 **nail**
[neil]

⊛ 손톱, 발톱, 못   ⊛ 못으로 박다

- **Nail** biting means eating millions of germs under your **nails**.
  손톱을 물어뜯는 것은 손톱 아래의 수백만 마리의 균을 먹는 것을 의미한다.
- Mom hates to   pictures to the walls in the house.
  엄마는 집안 벽에 액자를 못질하여 박는 것을 싫어하신다.

---

524 **thread**
[θred]

⊛ 실, (가는) 줄

- These days, boys learn how to sew with **thread** at school.
  요즘은 남자아이들이 학교에서 실로 바느질하는 방법을 배운다.
- The   of a spider web is more than 20 meters long.
  거미집의 거미줄은 길이가 20미터 이상이다.

---

525 **flock**
[flɑk]

⊛ (새·양의) 떼, 무리

✚ a flock of ~: 한 떼/무리의 ~

- I felt relaxed when I saw a **flock** of sheep grazing in the field.
  들판에서 풀을 뜯어 먹는 양 떼를 보았을 때 나는 편안해졌다.
- A   of tourists gathered to take a picture.
  한 무리의 관광객이 사진을 찍으려고 모였다.

---

526 **domestic**
[dəméstik]

⊛ 국내의

- Book **domestic** flight tickets at the lowest airfare on this site.
  이 사이트에서 가장 저렴한 항공료로 국내선 항공편 티켓을 예약하세요.
- ⊛   products are now as good as imported ones.
  국산 제품은 이제 수입 제품만큼 좋다.

---

527 **pioneer**
[pàiəníər]

⊛ 개척자, 선구자   ⊛ 개척하다

✚ pioneer in ~: ~에 있어서의 선구자

- The company is a **pioneer** in the mobile industry.
  그 회사는 모바일 산업에 있어서 선구자이다.
- The Wright Brothers   ed powered flight.
  Wright 형제는 동력 비행을 개척했다.

---

528 wage
[weidʒ]

명 임금, 급료

• The American tipping culture resulted from servers' low **wages**.
미국의 팁 문화는 종업원들의 낮은 임금이 원인이다.

• Do you want to receive a daily or weekly   ?
당신은 일급을 받고 싶습니까 주급을 받고 싶습니까?

---

529 organ
[ɔ́ːrgən]

명 (인체의) 장기, 오르간

• Our sense **organs** receive information from outside.
우리 감각 기관은 외부로부터 정보를 받아들인다.

• I play the electric   in the school band.
나는 학교 밴드에서 전자 오르간을 연주한다.

---

530 fulfill
[fulfíl]

동 (약속·계획 등을) 이행하다, (조건 등을) 만족시키다, (소망·야심 등을) 이루다

• The president **fulfilled** his promise after he got elected.
그 대통령은 선출된 후 그의 약속을 이행했다.

• My wish to be the top of the class was   ed.
반에서 일등이 되고자 하는 나의 소망이 이뤄졌다.

---

531 random
[rǽndəm]

형 무작위의, 임의의

• If you press this button, you can play the songs in **random** order.
이 버튼을 누르면 노래를 임의 순서로 틀 수 있다.

➕ at random: 무작위로, 마구잡이로

• I'll choose the presenters at   from the list.
저는 명단에서 무작위로 발표자들을 고를 것입니다.

---

532 stain
[stein]

명 얼룩, 때   동 얼룩지다, 더럽히다

• This site offers many practical ideas to get various **stains** out.
이 사이트는 다양한 얼룩을 빼는 많은 실용적인 아이디어를 제공한다.

• White clothes   very easily.
흰 옷들은 아주 쉽게 얼룩진다.

---

533 sector
[séktər]

명 부문, 분야   유 field 분야, part 부분

• Korea's private education **sector** is getting bigger every year.
한국의 사교육 부문은 매년 커져가고 있다.

• Men and women should be treated equally in all   s.
남자와 여자는 모든 분야에서 동등하게 대우받아야 한다.

---

534 confine
[kánfain]

동 (활동·주제 등을) 국한시키다, 가두다

• The subject of the discussion will be **confined** to cyberbullying.
그 토론의 주제는 사이버 폭력으로 국한될 것이다.

• The zookeepers   d the lions in separate cages.
사육사들은 사자를 분리된 우리에 가두었다.

---

535 overwhelm
[òuvərhwélm]

동 격한 감정이 휩싸다, 압도하다 overwhelmed 형 압도된   overwhelming 형 압도적인

• The sailors were **overwhelmed** by the huge waves in the storm.
그 선원들은 폭풍우 속에서 거대한 파도에 압도당했다.

• Park Taehwan   ed the top swimmers at the event.
박태환은 이 경기에서 최고의 수영선수들을 압도했다.

536 investigate
[invéstəgèit]

⑧ (사람·연구·주제를) 조사하다, (사건을) 수사하다   investigation ⑲ 조사

- The scientist is **investigating** the effects of music on learning.
  그 과학자는 학습에 대한 음악의 효과를 조사하고 있다.
- Two detectives will _____ the murder case.
  두 명의 형사가 그 살인 사건을 수사할 것이다.

537 substitute
[sʌ́bstitjùːt]

⑲ 대용품, 대리인 ⑧ 대신하다, 대체하다   ㈜ replace 대신하다

- The exhausted man used the bag as a **substitute** for his pillow.
  녹초가 된 그 남자는 그 가방을 자신의 베개 대용품으로 사용했다.

  ✚ substitute A for B: B를 A로 대용하다

- Olive oil can be _____ d for butter in baking.
  구울 때 올리브 기름이 버터를 대신하여 사용될 수 있다.

538 luxury
[lʌ́kʃəri]

⑲ 사치, 사치품   luxurious ⑲ 사치스러운

- The celebrity lives in **luxury**, but envies other people's normal lives.
  그 유명인은 사치스럽게 살지만 다른 사람들의 평범한 삶을 부러워한다.
- Chocolate can be a _____ for starving kids.
  초콜릿은 굶주린 아이들에게는 사치품일 수도 있다.

539 neutral
[njúːtrəl]

⑲ 중립적인, 감정을 드러내지 않는

- Dealing with students' arguments, a teacher should be **neutral**.
  학생들의 언쟁을 다룰 때, 교사는 중립적이어야 한다.
- His voice was _____ so we didn't know how he felt.
  그의 목소리는 감정을 드러내지 않아서 우리는 그의 기분이 어떤지 알 수 없었다.

540 withdraw
[wiðdrɔ́ː]
withdraw-
withdrew-
withdrawn

⑧ 철수하다, 철회하다, 인출하다   withdrawal ⑲ 철회, 취소

- Do you think the U.S. Army should **withdraw** from Korea?
  너는 미군이 한국에서 철수해야 한다고 생각하니?
- Wait! I have to _____ some money from the ATM.
  기다려! 나는 ATM(현금인출기)에서 돈을 좀 인출해야 해.

Check Up 정답 p.182

Ⓐ 다음 영어단어의 우리말을 쓰시오.

1 sector _____   2 investigate _____

3 dull _____   4 confine _____

5 luxury _____   6 wage _____

7 overwhelm _____   8 organ _____

B 다음 영어단어와 비슷한 의미를 가진 것을 보기 에서 찾아 쓰시오.

1 dull → _____

2 substitute → _____

3 sector → _____

보기
boring
field
replace

C 우리말과 일치하도록 알맞은 영어단어를 써넣어 문장을 완성하시오.

1 I felt relaxed when I saw a _____ of sheep grazing in the field.
들판에서 풀을 뜯어 먹는 양 떼를 보았을 때 나는 편안해졌다.

2 Wait! I have to _____ some money from the ATM.
기다려! 나는 ATM(현금인출기)에서 돈을 좀 인출해야 해.

3 Mom hates to _____ pictures to the walls in the house.
엄마는 집안 벽에 액자를 못질하여 박는 것을 싫어하신다.

4 Dealing with students' arguments, a teacher should be _____.
학생들의 언쟁을 다룰 때, 교사는 중립적이어야 한다.

5 The president _____ed his promise after he got elected.
그 대통령은 선출된 후 그의 약속을 이행했다.

6 The sports day strengthened the _____ between the classmates.
그 체육대회는 그 반 친구들 간의 결속을 강화시켰다.

7 This site offers many practical ideas to get various _____s out.
이 사이트는 다양한 얼룩을 빼는 많은 실용적인 아이디어를 제공한다.

8 The exhausted man used the bag as a _____ for his pillow.
녹초가 된 그 남자는 그 가방을 자신의 베개 대용품으로 사용했다.

9 _____ products are now as good as imported ones.
국산 제품은 이제 수입 제품만큼 좋다.

10 These days, boys learn how to sew with _____ at school.
요즘은 남자아이들이 학교에서 실로 바느질하는 방법을 배운다.

D 밑줄 친 부분을 바르게 고쳐 문장을 다시 쓰시오.

1 The company is a pioneer with the mobile industry.

→ _____

2 I'll choose the presenters in random from the list.

→ _____

---

541 broadcast
[brɔ́ːdkæst]

동 방송하다　명 방송

• The BRS will **broadcast** the opening ceremony of the event.
BRS 방송사가 그 행사의 개막식을 방송할 것이다.

• I was lucky to watch the concert on a live　　　　.
나는 운이 좋아서 그 콘서트를 생방송으로 볼 수 있었다.

---

542 dump
[dʌmp]

동 (적절치 않게 쓰레기 등을) 버리다　명 쓰레기더미, 폐기장　유 throw away 버리다

• A lot of fish died because someone **dumped** toxic waste in the lake.
누군가가 호수에 유독 폐기물을 버려서 많은 물고기들이 죽었다.

• The stink was coming from the garbage　　　　.
그 악취는 쓰레기 폐기장에서 나오고 있었다.

---

543 nightmare
[náitmɛ̀ər]

명 악몽, 악몽 같은 일

• I had a **nightmare** where my younger brother was also my Dad.
나는 내 남동생이 아빠가 되는 악몽을 꾸었다.

• This trip is a　　　　. Everything is a mess.
이 여행은 악몽 같아. 모든 게 난장판이야.

---

544 tone
[toun]

명 음색, 색조, 어조

• The sweet **tone** of the piano fascinated the audience.
피아노의 감미로운 음색이 관객을 매료시켰다.

• I like it when you talk in a friendly　　　　.
나는 네가 친근한 어조로 말할 때 좋아.

---

545 formal
[fɔ́ːrməl]

형 공식적인, 형식적인, 격식을 차린　반 informal 비공식적인

• I like to wear nice clothes to **formal** events like weddings.
나는 결혼식과 같이 공식적인 행사에 좋은 옷을 입고 가는 걸 좋아한다.

• You insulted me in class so I want a　　　　apology.
네가 반에서 나를 모욕했으니 나는 정식 사과를 원한다.

---

546 persist
[pərsíst]

동 끝까지 해내다, 지속하다　유 continue 지속하다

✚ persist in ~: ~을 고집하다

• The boy **persisted** in blaming himself for the accident.
그 남자아이는 그 사고가 자신 때문이라고 고집스럽게 자신을 비난했다.

• Indians　　　　in eating only with their right hand.
인도사람들은 오른손으로 음식을 먹기를 고집한다.

---

547 convict
[kənvíkt]

동 유죄를 선고하다　명 죄수, 기결수 [kánvikt]

✚ be convicted of ~: ~로 유죄 판결을 받다

• Some people were **convicted** of a crime that they didn't commit.
어떤 사람들은 자신이 저지르지 않은 범죄로 유죄 판결을 받았다.

• Is it fair to give　　　　s a chance to live a new life?
죄수들에게 새로운 삶을 살 기회를 주는 것이 공정한가?

548 **previous**
[prí:viəs]

형 이전의, 앞의   previously 부 이전에   유 former 이전의

• My score in the **previous** exam was very low, so I have to do my best this time.
이전 시험에서 내 점수는 매우 낮았다, 그래서 이번에는 최선을 다해야 한다.

• I cancelled the   plan for the family dinner.
나는 가족 저녁 식사를 위해 이전 계획을 취소했다.

---

549 **poll**
[pɑl]

명 투표, 여론 조사   유 survey 여론 조사

• We held a student **poll** to decide our new school uniform.
우리는 새 교복을 결정하기 위해 학생 투표를 개최했다.

• My school did a   about the lunch menu.
우리 학교는 점심 메뉴에 대한 여론 조사를 실시했다.

---

550 **furthermore**
[fə́:rðərmɔ̀:r]

부 게다가, 뿐만 아니라   유 besides

• I talked to my favorite actor. **Furthermore**, I got his signature!
나는 내가 가장 좋아하는 배우와 얘기했어. 게다가 그의 사인도 받았어!

• Now, my baby can talk.   , he can sing.
이제 우리 아기가 말을 할 수 있어. 뿐만 아니라 노래까지도 할 수 있지.

---

551 **reception**
[risépʃən]

명 (영국 호텔) 프런트, 수신, 환영(회)/축하연

• We left the key at the hotel's **reception** desk in the hotel and went out.
우리는 호텔 프런트 데스크에 키를 맡기고 밖으로 나갔다.

• My uncle's wedding   was fantastic, as I had imagined.
삼촌의 결혼식 축하연은 내가 상상한 것처럼 환상적이었다.

---

552 **utter**
[ʌ́tər]

동 (입으로 소리를) 내다, 말하다   형 (강조의 의미로) 완전한   utterance 명 발언

• The first word that my baby **uttered** was papa.
우리 아기가 입 밖으로 낸 첫 번째 단어는 papa(아빠)였다.

• Watching a boring movie is an   waste of time.
지루한 영화를 보는 것은 완전한 시간 낭비이다.

---

553 **numerous**
[njú:mərəs]

형 수많은, 다수의

• Have you ever tried to count the **numerous** stars in the sky?
당신은 하늘에 있는 수많은 별들을 세어 보려고 시도한 적이 있나요?

• I don't trust Tom. He lied to me   times.
나는 Tom을 신뢰하지 않아. 그는 수차례나 내게 거짓말을 했어.

---

554 **boundary**
[báundəri]

명 경계, 경계선, 한계

• We can clearly see the **boundaries** of the countries on this map.
우리는 이 지도에서 나라들의 경계선을 명확히 볼 수 있다.

• Is there a clear   between friendship and love?
우정과 사랑 사이에 명확한 경계가 있을까?

---

555 **dwell**
[dwel]

동 살다, 거주하다   유 live 살다

• All parents hope that their children will **dwell** in happiness.
모든 부모는 자신들의 자녀가 행복하게 살기를 바란다.

✚ dwell on ~: ~을 깊이 생각하다

• The celebrity was insulted, but she didn't   on it.
그 유명인은 모욕을 당했지만 그것을 깊이 생각하지 않았다.

556 isolate
[áisəlit]

(동) 고립시키다, 격리하다

isolated (형) 고립된 isolation (명) 고립

- The sudden heavy snow **isolated** the climbers on the mountain.
  갑작스러운 폭설로 등산객들이 산에 고립되었다.
- The students with the eye disease were _____d at once.
  그 눈병이 있는 학생들은 즉시 격리되었다.

557 abstract
[ǽbstrækt]

(형) 추상적인

(반) concrete 구체적인

- Truth is hard to understand because it is an **abstract** word.
  진리라는 말은 추상적인 단어이기 때문에 이해하기 어렵다.
- This art gallery has a selection of _____ paintings.
  이 미술관은 엄선된 추상화를 보유하고 있다.

558 derive
[diráiv]

(동) 끌어내다, 파생하다, 유래하다

derivation (명) 파생

- *Harry Potter* gave me the great pleasure that is **derived** from reading.
  '해리포터'는 내게 독서에서 얻는 즐거움을 주었다.
- Many English words are _____d from Latin and Greek.
  많은 영어 단어는 라틴어와 그리스어로부터 유래되었다.

559 intent
[intént]

(명) 의도, 취지 (형) 열중하는

- The **intent** of my advice was never to offend you.
  내 충고의 의도는 결코 너를 불쾌하게 하려는 것은 아니었어.

  ✚ intent on ~ : ~에 열중하는

- I skipped lunch because I was _____ on my work.
  나는 일에 열중해서 점심을 걸렀다.

560 primitive
[prímitiv]

(형) 원시의, 미개한

- The cave paintings give us a hint of the life of **primitive** men.
  그 동굴 그림은 원시인들의 삶에 대한 힌트를 준다.
- Some poor tribes are living in _____ conditions.
  몇몇 가난한 부족들은 미개한 여건에서 살고 있다.

Check Up 정답 p.182

A 다음 영어단어의 우리말을 쓰시오.

1 nightmare _____   2 persist _____

3 isolate _____   4 broadcast _____

5 previous _____   6 abstract _____

7 primitive _____   8 numerous _____

B 다음 영어단어와 비슷한 의미를 가진 것을 보기 에서 찾아 쓰시오.

1 persist → _____

2 furthermore → _____

3 dump → _____

보기 throw away
besides
continue

C 우리말과 일치하도록 알맞은 영어단어를 써넣어 문장을 완성하시오.

1 The sweet _____ of the piano fascinated the audience.
피아노의 감미로운 음색이 관객을 매료시켰다.

2 The _____ of my advice was never to offend you.
내 충고의 의도는 결코 너를 불쾌하게 하려는 것은 아니었어.

3 My uncle's wedding _____ was fantastic, as I had imagined.
우리 삼촌의 결혼식 축하연은 내가 상상한 것처럼 환상적이었다.

4 I like to wear nice clothes to _____ events like weddings.
나는 결혼식과 같이 공식적인 행사에 좋은 옷을 입고 가는 걸 좋아한다.

5 *Harry Potter* gave me the great pleasure that is _____d from reading.
'해리포터'는 내게 독서에서 얻는 즐거움을 주었다.

6 Is there a clear _____ between friendship and love?
우정과 사랑 사이에 명확한 경계가 있을까?

7 The first word that my baby _____ed was papa.
우리 아기가 입 밖으로 낸 첫 번째 단어는 papa(아빠)였다.

8 I talked to my favorite actor. _____, I got his signature!
나는 내가 가장 좋아하는 배우와 얘기했어. 게다가 그의 사인도 받았어!

9 A lot of fish died because someone _____ed toxic waste in the lake.
누군가가 호수에 유독 폐기물을 버려서 많은 물고기들이 죽었다.

10 We held a student _____ to decide our new school uniform.
우리는 새 교복을 결정하기 위해 학생 투표를 개최했다.

D 밑줄 친 부분을 바르게 고쳐 문장을 다시 쓰시오.

1 The celebrity was insulted, but she didn't dwell at it.

→ _____

2 Some people were convicted for a crime that they didn't commit.

→ _____

 35

---

561 **bush**
[buʃ]

명 관목, 덤불

• Thorny **bushes** can be used as a fence for a house.
가시가 있는 관목은 집의 담장으로 사용될 수도 있다.

• The garden is filled with rose   es every spring.
봄마다 그 정원은 장미 덤불로 가득 찬다.

---

562 **elegant**
[éləgənt]

형 우아한, 품위 있는   elegance 명 우아함   유 graceful 우아한

• The bride, wearing an **elegant** dress, greeted her guests.
우아한 드레스를 입은 신부는 자신의 하객들을 맞이했다.

• The noble families enjoyed   music and arts.
귀족 가문들은 품격 있는 음악과 예술을 즐겼다.

---

563 **punch**
[pʌntʃ]

명 (주먹으로) 한 대 치기, 강타   동 (주먹으로) 치다

• The boxer's powerful **punch** brought him the championship title.
그 권투선수의 강력한 펀치는 그에게 챔피언 자리를 가져다 주었다.

• Sam   ed me on the nose so I did the same to him.
Sam이 내 코를 한 대 쳐서 나도 그에게 똑같이 했다.

---

564 **spring**
[spriŋ]
spring-sprang-
sprung

명 봄, 용수철, 탄력, 샘   동 (용수철처럼) 튀어 오르다

• I think one of the **springs** in my mattress is broken.
나는 내 매트리스의 스프링 중 하나가 망가졌다고 생각한다.

• My sister   out of bed and went to the bathroom.
우리 누나는 침대에서 튀어나와 욕실로 갔다.

---

565 **welfare**
[wélfɛ̀ər]

명 복지, 번영

• Animal lovers claim to make laws for animal **welfare**.
동물 애호가들은 동물 복지를 위한 법을 제정하자고 주장한다.

• Social   programs are designed to help needy people.
사회 복지 프로그램은 빈곤한 사람들을 돕기 위해 만들어진 것이다.

---

566 **format**
[fɔ́ːrmæt]

명 구성 형식, (컴퓨터에서) 포맷   동 (컴퓨터를) 포맷하다

• All the presentations should follow the same **format**.
모든 발표는 동일한 구성 형식을 따라야 한다.

• I   ted my computer hard drive due to the virus.
나는 바이러스 때문에 내 컴퓨터 하드를 포맷했다.

---

567 **stem**
[stem]

명 줄기   동 유래하다

• Herbal medicines use all parts of herbs: roots, **stems**, leaves, etc.
한방약은 뿌리, 줄기, 잎 등 약초의 모든 부분을 사용한다.

+ stem from ~: ~부터 유래하다

• Some doctors claim most diseases   from stress.
어떤 의사들은 대부분의 질환이 스트레스에서 온다고 주장한다.

568 **somewhat**
[sΛmʰwʌt]

(부) 다소, 약간

유 a little

- The pants I got were **somewhat** different from what I expected.
  내가 받은 바지는 내가 기대했던 것과는 다소 달랐다.
- Mom looked _____ worried to see me coughing.
  엄마는 내가 기침하는 것을 보고 다소 걱정스러워 보였다.

569 **asset**
[ǽset]

(명) 재산, 자산

- Mr. Ahn donated all of his **assets** to needy people.
  안 선생님은 빈곤한 사람들을 위해 자신의 전 재산을 기부했다.
- Children are precious _____ s for a brighter future.
  아이들은 밝은 미래를 위한 귀중한 자산이다.

570 **geography**
[dʒiágrəfi]

(명) 지리, 지형, 지리학

- This map shows the detailed **geography** of the city.
  이 지도는 그 도시의 자세한 지형을 보여준다.
- My uncle, who majored in _____, travels very often.
  우리 삼촌은 지리학을 전공했는데, 매우 자주 여행한다.

571 **narrate**
[nǽreit]

(동) (사건·경험 등을) 말하다, (다큐멘터리 등의) 내레이션을 하다

- My teacher often **narrates** her funny childhood experiences.
  우리 선생님은 가끔 자신의 재미있는 어린 시절 경험을 이야기해 주신다.
- The old actor _____ d many nature documentaries.
  그 노배우는 많은 자연 다큐멘터리의 내레이션을 했다.

572 **modify**
[mádəfài]

(동) (더 맞도록) 수정하다, 조정하다

modification (명) 수정

- You can make, **modify**, or add any content freely on Wikipedia.
  Wikipedia에서는 어떤 내용이든 자유롭게 만들고 수정하고 또는 덧붙일 수 있다.
- People _____ their behavior according to the occasion.
  사람들은 경우에 따라 행동을 조정한다.

573 **restore**
[ristɔ́ːr]

(동) (원래대로) 회복시키다, (예술품 등을) 복원하다

restoration (명) 복원

- I helped my dad to **restore** the broken fence in the storm.
  나는 아빠가 폭풍으로 부서진 담장을 복구하는 것을 도왔다.
- His job is to _____ old paintings that have lost their colors.
  그의 직업은 색을 잃어버린 오래된 그림을 복원하는 것이다.

574 **enclose**
[inklóuz]

(동) 둘러싸다, (편지·상자 등에) 넣다

유 surround 둘러싸다

- On my trip, I liked the cottage **enclosed** with pine trees the most.
  여행에서 나는 소나무로 둘러싸인 오두막집이 가장 마음에 들었다.
- Mom _____ d a gift voucher with a card to Dad.
  엄마는 아빠에게 줄 카드에 상품권을 동봉하셨다.

575 **leak**
[liːk]

(명) (액체·기체·비밀) 누출   (동) (액체·기체가) 새다

- Check regularly whether there is a gas **leak** or not in the kitchen.
  부엌에 가스 누출이 있는지 없는지 정기적으로 점검하세요.
- The roof of the gym _____ s when it rains.
  비가 오면 체육관 지붕이 샌다.

576 dismiss
[dismís]

⟨동⟩ 묵살하다, (직에서) 해고하다

- I hate it when my parents **dismiss** my opinion.
  나는 부모님이 내 의견을 묵살할 때 정말 싫다.
- No one should be _____ed unfairly from work.
  직장에서 누구도 부당하게 해고되어서는 안 된다.

---

577 democratic
[dèməkrǽtik]

⟨형⟩ 민주주의의, 민주적인   democracy ⟨명⟩ 민주주의

- Any adult can run for president in a **democratic** country.
  민주주의 국가에서 성인은 누구나 대통령에 출마할 수 있다.
- The class president was elected in a _____ way.
  반장은 민주적인 방법으로 선출되었다.

---

578 sweep
[swi:p]
sweep-swept-swept

⟨동⟩ (빗자루로) 쓸다, (바람·물결 등이) 날려버리다

- Sam **swept** the dirt away and I mopped the classroom floor.
  Sam이 먼지를 쓸어내면 내가 교실 바닥을 대걸레로 닦았다.
- The woman's hat was _____ away by the strong wind.
  그 여자의 모자는 강한 바람으로 날아갔다.

---

579 fraction
[frǽkʃən]

⟨명⟩ 일부분, (수학에서) 분수

- A **fraction** of my money regularly goes to African children.
  내 돈의 일부는 정기적으로 아프리카 아이들에게로 보내진다.
- Mom taught me how to read _____s like two-thirds.
  엄마는 내게 3분의 2와 같이 분수를 읽는 법을 가르쳐주셨다.

---

580 prior
[práiər]

⟨형⟩ (시간·순서가) 전의, 앞선   ⟨유⟩ previous 전의

- **Prior** learning can make studying at school boring.
  선행학습은 학교에서 공부하는 것을 지루하게 만들 수 있다.

  ✚ prior to ~: ~ 전의, ~보다 우선하는

- How many hours _____ to the departure time do we need to be at the airport? 출발 시간보다 몇 시간 전에 우리가 공항에 도착해야 하나요?

Check Up 정답 p.182

Ⓐ 다음 영어단어의 우리말을 쓰시오.

1 bush _____   2 elegant _____

3 asset _____   4 geography _____

5 democratic _____   6 welfare _____

7 modify _____   8 fraction _____

B 다음 영어단어와 비슷한 의미를 가진 것을 보기 에서 찾아 쓰시오.

1 somewhat → _____

2 enclose → _____

3 elegant → _____

> 보기
> **surround**
> **graceful**
> **a little**

C 우리말과 일치하도록 알맞은 영어단어를 써넣어 문장을 완성하시오.

1 I helped my dad to _____ the broken fence in the storm.
나는 아빠가 폭풍으로 부서진 담장을 복구하는 것을 도왔다.

2 The boxer's powerful _____ brought him the championship title.
그 권투선수의 강력한 펀치는 그에게 챔피언 자리를 가져다 주었다.

3 I _____ted my computer hard drive due to the virus.
나는 바이러스 때문에 내 컴퓨터 하드를 포맷했다.

4 My teacher often _____s her funny childhood experiences.
우리 선생님은 가끔 자신의 재미있는 어린 시절 경험을 이야기해 주신다.

5 I hate it when my parents _____ my opinion.
나는 부모님이 내 의견을 묵살할 때 정말 싫다.

6 I think one of the _____s in my mattress is broken.
나는 내 매트리스의 스프링 중 하나가 망가졌다고 생각한다.

7 Sam _____ the dirt away and I mopped the classroom floor.
Sam이 먼지를 쓸어내면 내가 교실 바닥을 대걸레로 닦았다.

8 Mom _____d a gift voucher with a card to Dad.
엄마는 아빠에게 줄 카드에 상품권을 동봉하셨다.

9 The pants I got were _____ different from what I expected.
내가 받은 바지는 내가 기대했던 것과는 다소 달랐다.

10 The roof of the gym _____s when it rains.
비가 오면 체육관 지붕이 샌다.

D 밑줄 친 부분을 바르게 고쳐 문장을 다시 쓰시오.

1 How many hours prior in the departure time do we need to be at the airport?

→ _____

2 Some doctors claim most diseases stem to stress.

→ _____

---

581 buzz
[bʌz]

동 윙 소리를 내다   명 윙윙거림

• My spring garden is full of bees **buzzing** among the flowers.
나의 봄 정원은 꽃 사이에서 윙윙거리는 벌들로 가득 찬다.

• The constant _____ of mosquitoes drove me crazy.
계속되는 모기의 윙윙거림이 나를 미친 듯이 화나게 했다.

---

582 episode
[épisòud]

명 (중요하거나 재미있는) 일화, 에피소드, (연속되는 소설 등의) 편, 회

• Mr. Darcy's life is a comedy filled with funny **episodes**.
Darcy 씨의 인생은 재미있는 일화로 가득 찬 하나의 코미디이다.

• I'm looking forward to the next _____ of the TV show.
나는 그 텔레비전 프로그램의 다음 편을 고대하고 있다.

---

583 mineral
[mínərəl]

명 광물, 무기질, 미네랄

• Gems are valuable, beautiful, and rare **minerals** found in nature.
보석은 자연에서 발견되는 값어치 있고, 아름답고, 희귀한 광물이다.

• Vegetables like celery and carrots are rich in _____s.
셀러리와 당근 같은 채소들은 미네랄이 풍부하다.

---

584 stir
[stəːr]

동 휘젓다, (약간) 흔들다

• Next, **stir** the ingredients in a frying pan on low heat.
다음으로 약한 불에서 프라이팬에 넣은 재료를 휘저어 주세요.

• The fresh breeze _____red her long hair.
신선한 미풍이 그녀의 긴 머리를 살살 흔들었다.

---

585 spouse
[spaus]

명 배우자

• My dream is to have a happy family with a lovely **spouse**.
내 꿈은 사랑스러운 배우자와 행복한 가정을 꾸리는 것이다.

• Once you marry, always respect your _____.
일단 결혼을 하면, 항상 당신의 배우자를 존중하시오.

---

586 greed
[griːd]

명 탐욕, 식탐   greedy 형 탐욕스러운

✚ greed for ~: ~에 대한 탐욕

• The celebrity will do anything to satisfy his **greed** for fame.
그 유명인은 명성에 대한 탐욕을 만족시키기 위해 무엇이든 할 것이다.

• The boys fought for the last piece of pizza out of _____.
그 남자아이들은 식탐으로 피자의 마지막 한 조각을 놓고 싸웠다.

---

587 restrict
[ristríkt]

동 제한하다, 한정시키다   restriction 명 제한 유 limit

✚ restrict A to B: A를 B로 제한하다

• The speed limit for cars is **restricted** to 30km/h within the school zone.
차의 속도 제한은 스쿨존에서 시속 30킬로미터로 제한된다.

• The TV program is _____ed to kids aged 15 and up.
그 TV 프로그램은 15세 이상으로 한정되어 있다.

588 **summary**
[sʌ́məri]

(명) 요약, 개요

summarize (동) 요약하다

- Make a daily **summary** of what you learn.
  여러분이 배운 것을 매일 요약하세요.
- Your homework is to make a   of the story.
  여러분들의 숙제는 그 이야기에 대한 요약을 해오는 것입니다.

---

589 **betray**
[bitréi]

(동) 배신하다, 저버리다

betrayal (명) 배신

- Tom plays the role of the man who **betrays** his country for money.
  Tom은 돈을 위해 나라를 배신하는 남자 역할을 맡는다.
- I was   ed by my best friend.
  나는 나의 가장 친한 친구에게 배신을 당했다.

---

590 **gear**
[giər]

(명) (자동차의) 변속기어, 장비

- Your car will automatically change **gears** when you speed up.
  속도를 높이면 차가 자동적으로 기어를 바꿀 것이다.
- I bought a set of fishing   for my nephew.
  나는 조카에게 낚시 장비 세트를 사주었다.

---

591 **stiff**
[stif]

(형) (몸·사물 등이) 뻣뻣한, 딱딱한

- My back and shoulders were **stiff** from sitting too long.
  의자에 너무 오래 앉아서 내 등과 어깨가 뻣뻣해졌다.
- Library chairs are   to keep you from falling asleep.
  도서관 의자는 네가 잠들지 않게 하기 위해 딱딱하다.

---

592 **portrait**
[pɔ́ːrtrit]

(명) 초상화, (상세한) 묘사

- The poor artist draws **portraits** for tourists for a living.
  그 가난한 예술가는 생계를 위해 관광객들에게 초상화를 그려준다.
- Millet's   of farmers' everyday life is very realistic.
  농부들의 일상 생활에 대한 밀레의 묘사는 매우 사실적이다.

---

593 **revise**
[riváiz]

(동) 수정하다, (계획·의견 등을) 변경하다

revision (명) 수정

- **Revise** your essay before you submit it.
  에세이를 제출하기 전에 수정하세요.
- John convinced me to   my opinion.
  John은 내 의견을 바꾸라고 설득했다.

---

594 **ensure**
[inʃúər]

(동) 보장하다, 확실하게 하다

+ ensure that ~: ~라는 것을 보장하다

- The principal **ensured** that he would let the students wear jeans.
  그 교장 선생님은 학생들이 청바지를 입을 수 있게 해 줄 것을 보장하셨다.
- The school hired a guard to   safety at school.
  그 학교는 학교에서의 안전을 확실하게 하기 위해 경비원을 고용했다.

---

595 **manufacture**
[mæ̀njəfǽktʃər]

(동) (기계를 써 대량으로) 제조하다   (명) 제조, 생산

(유) production 생산

- Nowadays, even paintings can be **manufactured** in the factory.
  요즘은 심지어 그림도 공장에서 제조될 수 있다.
- Check the date of   before you buy a product.
  제품을 사기 전에 제조 날짜를 확인하세요.

596 eliminate
[ilímənèit]

(동) 제거하다, 폐지하다, 탈락시키다   elimination (명)제거   (유) remove 제거하다

- Fat should be **eliminated** from the patient's diet.
  지방은 그 환자의 식단에서 제거되어야 한다.
- Our team was   d before the final round.
  우리 팀은 결승 경기 전에 탈락되었다.

---

597 descend
[disénd]

(동) 내려가다, 내려오다   (반) ascend 오르다

- The broken helicopter spun for a while and **descended** slowly.
  그 고장 난 헬리콥터는 잠시 빙빙 돌더니 천천히 내려왔다.
- Snow   ed lightly and softly on Christmas Eve.
  크리스마스 이브에 눈이 사뿐히 그리고 부드럽게 내렸다.

---

598 criticism
[krítisìzəm]

(명) 비판   criticize (동)비판하다

- Sam accepted my **criticism** without getting angry.
  Sam은 화를 내지 않고 내 비판을 수용했다.
- Despite many   s, child labor still exists.
  많은 비판에도 불구하고 아동 노동은 여전히 존재한다.

---

599 geology
[dʒiálədʒi]

(명) 지질학

- **Geology** is a study of the Earth: its history, structure, etc.
  지질학은 지구의 역사, 구조 등 지구에 대해 연구한다.
- We learn about many kinds of minerals in   class.
  우리는 지질학 수업에서 많은 종류의 광물을 배운다.

---

600 transition
[trænzíʃən]

(명) (다른 상태나 조건으로의) 전환, 변천, 과도

- Parents should support their kids while they are in **transition** to high school.
  부모는 고등학교로 가는 전환기에 있는 자식들을 지지해줘야 한다.
- The video shows the beautiful   s of the four seasons.
  그 비디오는 사계절이 아름답게 바뀌는 것을 보여준다.

Check Up 정답 p.182

A 다음 영어단어의 우리말을 쓰시오.

1 mineral   2 manufacture

3 descend   4 gear

5 eliminate   6 geology

7 spouse   8 criticism

B 다음 영어단어와 비슷한 의미를 가진 것을 보기 에서 찾아 쓰시오.

1 manufacture → _____

2 eliminate → _____

3 restrict → _____

보기
remove
production
limit

C 우리말과 일치하도록 알맞은 영어단어를 써넣어 문장을 완성하시오.

1 Next, _____ the ingredients in a frying pan on low heat.
다음으로 약한 불에서 프라이팬에 넣은 재료를 휘저어 주세요.

2 Mr. Darcy's life is a comedy filled with funny _____s.
Darcy 씨의 인생은 재미있는 일화로 가득 찬 하나의 코미디이다.

3 _____ your essay before you submit it.
에세이를 제출하기 전에 수정하세요.

4 Tom plays the role of the man who _____s his country for money.
Tom은 돈을 위해 나라를 배신하는 남자 역할을 맡는다.

5 The poor artist draws _____s for tourists for a living.
그 가난한 예술가는 생계를 위해 관광객들에게 초상화를 그려준다.

6 My spring garden is full of bees _____ing among the flowers.
나의 봄 정원은 꽃 사이에서 윙윙거리는 벌들로 가득 찬다.

7 The video shows the beautiful _____s of the four seasons.
그 비디오는 사계절이 아름답게 바뀌는 것을 보여준다.

8 The TV program is _____ed to kids aged 15 and up.
그 TV 프로그램은 15세 이상으로 한정되어 있다.

9 Your homework is to make a _____ of the story.
여러분들의 숙제는 그 이야기에 대한 요약을 해오는 것입니다.

10 My back and shoulders were _____ from sitting too long.
의자에 너무 오래 앉아서 내 등과 어깨가 뻣뻣해졌다.

D 밑줄 친 부분을 바르게 고쳐 문장을 다시 쓰시오.

1 The celebrity will do anything to satisfy his greed with fame.

→ _____

2 The principal ensured what he would let the students wear jeans.

→ _____

Review

A 영어단어를 듣고 빈칸에 쓰시오. 그 다음, 해당 단어의 우리말을 쓰시오. 🎧37

1 _____ ⊕ _____   2 _____ ⊕ _____

3 _____ ⊕ _____   4 _____ ⊕ _____

5 _____ ⊕ _____   6 _____ ⊕ _____

7 _____ ⊕ _____   8 _____ ⊕ _____

9 _____ ⊕ _____   10 _____ ⊕ _____

11 _____ ⊕ _____   12 _____ ⊕ _____

13 _____ ⊕ _____   14 _____ ⊕ _____

15 _____ ⊕ _____   16 _____ ⊕ _____

B 다음 영어문장이 우리말과 일치하면 O, 그렇지 않으면 X를 쓰시오.

1 You can take the previous class from next week.
너는 다음 주부터 중급반에서 공부해도 된다. (   )

2 I think one of the springs in my mattress is broken.
나는 내 매트리스의 스프링 중 하나가 망가졌다고 생각한다. (   )

3 You insulted me in class so I want a formal apology.
네가 반에서 나를 모욕했으니 나는 정식 사과를 원한다. (   )

4 I hate it when my parents dismiss my opinion.
나는 부모님이 내 의견을 묵살할 때 정말 싫다. (   )

5 Book domestic flight tickets at the lowest airfare on this site.
이 사이트에서 가장 저렴한 항공료로 국내선 항공편 티켓을 예약하세요. (   )

6 The fresh breeze stirred her long hair.
신선한 미풍이 그녀의 긴 머리를 살살 흔들었다. (   )

7 This site offers many practical ideas to get various nails out.
이 사이트는 다양한 얼룩을 빼는 많은 실용적인 아이디어를 제공한다. (   )

8 My back and shoulders were stiff from sitting too long.
의자에 너무 오래 앉아서 내 등과 어깨가 뻣뻣해졌다. (   )

9 Many English words are derived from Latin and Greek.
많은 영어 단어는 라틴어와 그리스어로부터 유래되었다. (   )

10 People liked the comedian's witty sectors on politics.
사람들은 그 코미디언의 정치에 대한 재치 있는 발언을 좋아했다. (   )

C 다음 문장의 빈칸에 들어갈 알맞은 단어를 고르시오.

1 My dream is to have a happy family with a lovely _____.
① pioneer   ② bush   ③ spouse   ④ episode   ⑤ nightmare

2 Have you ever tried to count the _____ stars in the sky?
① abstract   ② elegant   ③ numerous   ④ primitive   ⑤ utter

3 A _____ of tourists gathered to take a picture.
① gun   ② flock   ③ nail   ④ tone   ⑤ gear

4 Wait! I have to _____ some money from the ATM.
① negotiate   ② confine   ③ spring   ④ enclose   ⑤ withdraw

5 You can make, _____, or add any content freely on Wikipedia.
① modify   ② dwell   ③ narrate   ④ stir   ⑤ utter

6 The _____ student entered the best university in Korea.
① domestic   ② formal   ③ neutral   ④ outstanding   ⑤ random

7 Make a daily _____ of what you learn.
① affair   ② summary   ③ thread   ④ stain   ⑤ intent

8 The roof of the gym _____ when it rains.
① abuses   ② bonds   ③ sweeps   ④ leaks   ⑤ ensures

9 SNSs like Facebook caused a _____ over online privacy.
① format   ② stem   ③ controversy   ④ remark   ⑤ bush

10 Mr. Ahn donated all of his _____ to needy people.
① buzzes   ② sectors   ③ greeds   ④ substitutes   ⑤ assets

11 Our sense _____ receive information from outside.
① organs   ② disorders   ③ portraits   ④ transitions   ⑤ polls

12 The step _____ counts your steps while you are walking.
① reception   ② punch   ③ geography   ④ mineral   ⑤ counter

13 The sudden heavy snow _____ the climbers on the mountain.
① matured   ② isolated   ③ guaranteed   ④ pioneered   ⑤ manufactured

14 Social _____ programs are designed to help needy people.
① welfare   ② wage   ③ abstract   ④ fraction   ⑤ geology

15 The BRS will _____ the opening ceremony of the event.
① fulfill   ② overwhelm   ③ dismiss   ④ broadcast   ⑤ betray

D 다음 영어 설명에 해당하는 단어를 보기 에서 찾아 쓰시오.

보기	theme	disclose	thread	neutral	dump
	boundary	elegant	descend	revise	geology

1 to throw away something carelessly → _____

2 the main idea in a book, speech, or discussion → _____

3 a line that separates one area from another area → _____

4 to tell people secret information → _____

5 the study of the Earth's surface and structure → _____

6 not supporting a particular person or group → _____

7 to go down or move downwards → _____

8 a long thin piece of something like silk, cotton, etc. → _____

9 to change and improve something such as a book → _____

10 pleasing and attractive in appearance or style → _____

E 다음 문장에 들어갈 알맞은 품사의 단어를 고르시오.

1 The FBI will 동[investigation / investigate] the case.

2 We will 동[restore / restoration] the old palace for tourists.

3 Despite his wealth, Tom doesn't live in 명[luxurious / luxury].

4 The actor couldn't endure the 명[criticism / criticize] about his movie.

5 The workers 동[negotiated / negotiation] with the employer for pay increase.

6 We are lucky to live in a 형[democracy / democratic] country.

7 The class always starts with questions about the 형[previous / previously] class.

8 The food company used cheap ingredients due to their 명[greedy / greed] for money.

9 The prisoner 동[murderer / murdered] his own brother in anger.

10 The shocked woman 동[uttered / utterance] some sounds that I couldn't understand.

F 밑줄 친 부분과 의미가 비슷한 단어나 표현을 보기 에서 찾아 쓰시오.

보기	deliver	stopped	boring	field	besides
	survey	a little	surround	production	remove

1 Isn't the soup <u>somewhat</u> salty? → _____

2 My dog watches TV. <u>Furthermore</u>, he walks on two feet. → _____

3 The fenced gardens <u>enclose</u> the house. → _____

4 Flowers are a good way to <u>convey</u> your love. → _____

5 Silicon Valley is famous for the <u>manufacture</u> of high-tech products. → _____

6 Korea is leading the world in the IT <u>sector</u>. → _____

7 Talking with Tom is <u>dull</u> because he is very shy. → _____

8 All parents want to <u>eliminate</u> safety risks at school. → _____

9 In a recent <u>poll</u>, most students wanted to wear casual clothes. → _____

10 The kids didn't come out of the blanket until the storm <u>ceased</u>. → _____

G 밑줄 친 부분이 어법에 맞으면 O, 그렇지 않으면 X를 쓰시오.

1 The man <u>was convicted for stealing</u> at the store. (   )

2 The kid <u>persisted in buying</u> the toy for him. (   )

3 Canned tuna <u>can be substituted with pork</u> in your gimchi stew. (   )

4 Many diseases <u>stem from dirty living conditions</u>. (   )

5 My dad <u>restricted my playing time at one hour</u> each day. (   )

6 I need your <u>guarantee that you won't be late again</u>. (   )

7 Doing your homework should be <u>prior for watching</u> TV. (   )

8 Sam participated in the competition <u>on behalf for his school</u>. (   )

9 The tennis player celebrated <u>the triumph over his old rival</u>. (   )

10 We picked names from a list <u>at random</u> for the presentation order. (   )

A 영어단어는 우리말로, 우리말은 영어단어로 바꿔 쓰시오.

1 client		26 인종의, 민족간의	
2 outstanding		27 누출, 새다	
3 dedicate		28 착각, 환상	
4 assert		29 추상적인	
5 shallow		30 제국의, 황제의	
6 random		31 이주시키다	
7 combat		32 평상시의	
8 divorce		33 분류, 범주	
9 certificate		34 항구, 항만	
10 launch		35 계약, 단축시키다	
11 pregnant		36 (행정구역의) 도, 성, 주	
12 ripe		37 분배하다	
13 asset		38 빽빽한, 짙은	
14 aspire		39 실, 줄	
15 contemporary		40 개인의, 개개의	
16 adequate		41 1인용의, 독신의	
17 portrait		42 평론가, 비평가	
18 administer		43 사치, 사치품	
19 bundle		44 단단한, 고체	
20 fierce		45 논란, 논쟁	
21 contradict		46 이마	
22 complicated		47 물질, 실체	
23 numerous		48 시각의	
24 guilty		49 도박하다, 도박	
25 seek		50 겹치다, 중복되게 하다	

B 우리말과 일치하도록 알맞은 영어단어를 써넣어 문장을 완성하시오.

1 I like to cook in my _____ time. 나는 여가 시간에 요리하는 것을 좋아한다.

2 Tom tried to _____ his bad behavior. Tom은 자신의 나쁜 행동을 정당화하려 했다.

3 It's fun to pick _____ apples at the orchard. 과수원에서 익은 과일을 따는 것은 재미있다.

4 I respect my dad for his _____ into life. 나는 삶에 대한 통찰력을 가진 아빠를 존경한다.

5 The storm was a _____ for the farmers. 이번 폭풍은 그 농부들에게는 악몽이었다.

6 The father _____ the land evenly for his sons. 그 아버지는 땅을 아들들을 위해 공평하게 쪼갰다.

7 Students learn to _____ with each other at school. 학생들은 학교에서 서로 타협하는 법을 배운다.

8 I helped my dad build a _____ in the country. 나는 아빠가 시골에 별장을 짓는 것을 도왔다.

9 The _____ of Steve Jobs inspired many people. Steve Jobs의 일대기는 많은 사람들을 고무시켰다.

10 The missing child felt _____ when he saw his mom. 그 미아는 엄마를 보자 안심을 했다.

11 Do you understand the _____ of the story? 너는 그 이야기의 맥락이 이해가 되니?

12 The student is _____ to his peers. 그 학생은 자신의 또래보다 우수하다.

13 _____ the floor before the guests arrive. 손님들이 도착하기 전에 바닥에 진공청소기로 청소해라.

14 The soccer fans celebrated their team's _____. 그 축구 팬들은 자신들의 팀의 승리를 축하했다.

15 Our _____ got stronger by working together. 함께 일함으로써 우리의 결속은 강해졌다.

16 I was looking for my dog, but he was _____. 나는 내 개를 찾았지만 그 개는 어디에도 없었다.

17 The rabbit jumped into the _____ to hide. 그 토끼는 숨으려고 덤불에 뛰어들었다.

18 The cover of the old book _____d to brown. 그 오래된 책의 표지는 갈색으로 바랬다.

19 Sam memorized some inspiring _____s. Sam은 몇몇 영감을 주는 격언을 암기했다.

20 Sam and I talked _____ at the camp. Sam과 나는 캠프에서 밤새 얘기했다.

21 Everyone wants to have a lifelong _____. 모든 사람은 평생의 동반자를 갖기를 원한다.

22 My hometown has a beautiful _____. 내 고향은 아름다운 경관을 지니고 있다.

23 Never _____ your friends for money. 돈을 위해 절대 친구를 저버리지 마세요.

24 My main _____ this year is to study hard. 올해 나의 주된 목표는 열심히 공부하는 것이다.

25 The festival began with a _____ opening ceremony. 그 축제는 성대한 개회식과 함께 시작되었다.

C 문장에 들어갈 알맞은 단어를 고르시오.

1 Who will wash the dishes will be decided by the [chill / province / flip] of a coin.

2 Humans have had [visual / intimate / temporary] relationships with dogs for ages.

3 Sam accepted my [institute / embassy / criticism] without getting angry.

4 The patient was [split / anticipated / infected] with malaria through mosquito bites.

5 "Peace in the World" is the main [threat / theme / fellow] of the art festival.

6 Many college students rely on student [loans / ventures / combats] for their tuition fees.

7 Peaceful street [protests / ports / critics] are acceptable in a democracy.

8 Do you want to receive a daily or weekly [remedy / gamble / wage]?

9 Selling cigarettes to minors is not [legal / sacred / minimal] in Korea.

10 Carry your student ID card as [suburb / predator / proof] of your identity.

11 The king [faced / concealed / edited] his identity and went around the village.

12 Animal lovers claim to make laws for animal [flame / welfare / category].

13 The drowning man took a tight [barn / grip / innovation] on the rescue rope.

14 My uncle takes care of his baby with extreme [caution / troop / context].

15 Dad tasted the soup first, and [confronted / proceeded / faded] to eat another dish.

16 We should correct the racial [prejudice / certificate / element] against foreigners.

17 What is the best [temporary / vast / pregnant] solution to a water leak?

18 The guide took out the map and [triggered / indicated / mediated] the next destination.

19 After the president got out of the car, armed [sociologies / insights / escorts] followed him.

20 Sam [unified / assured / inspected] me that he would hand in the homework by Friday.

21 The news sounds strange, but I heard it from a [conscious / tragic / credible] source.

22 Is our society ready to accept [sacrifices / immigrants / penalties] as our neighbors?

23 Even before Sam got on the roller coaster, his face turned [absent / marine / pale].

24 We can clearly see the [boundaries / sessions / summits] of the countries on this map.

25 Helping the old woman carry her bags was purely [voluntary / diverse / solid].

정답 p.183

D 다음 문장의 빈칸에 공통으로 들어갈 단어를 고르시오.

1
- The bored student in class _____ at the clock on the wall.
- A stranger _____ at me as if he knew me.
  ① disclosed　② restored　③ ensured　④ conserved　⑤ glanced

2
- Japan failed to _____ for the World Cup.
- This certificate will _____ you as a teacher.
  ① dump　② betray　③ administer　④ qualify　⑤ sweep

3
- I felt relaxed when I saw a _____ of sheep grazing in the field.
- The popular singer was surrounded by a _____ of kids.
  ① counter　② flock　③ behalf　④ thread　⑤ poll

4
- The singer was not mentally _____ after she received a threat.
- Luckily, the orphan was sent to a _____ family.
  ① mature　② dull　③ domestic　④ stable　⑤ abstract

5
- Teachers and parents should cooperate to _____ with bullying.
- Students learn how to _____ with emergency situations.
  ① cope　② murder　③ broadcast　④ punch　⑤ restrict

6
- The guide _____d that the trip would be fun and safe.
- I _____ that I will help you anytime you want.
  ① negotiate　② enclose　③ guarantee　④ revise　⑤ manufacture

7
- If you wish on a star, your wish will be _____.
- The scholarship was _____ to the best student of the year.
  ① fulfilled　② granted　③ overwhelmed　④ descended　⑤ dismissed

8
- I cancelled my _____ plan for the family dinner.
- Do you remember what you learned in the _____ class?
  ① previous　② valid　③ random　④ utter　⑤ primitive

9
- I couldn't fall asleep easily after I _____ed the car accident.
- The police officers are protecting the _____ of the murder.
  ① convey　② remark　③ convict　④ stem　⑤ witness

10
- Don't throw the used lighter in the fire because it can _____.
- The troops attacked the city, and a lot of bombs _____d there.
  ① abuse　② confine　③ explode　④ narrate　⑤ eliminate

Answers

ⓐ 1 애정
3 확실한, 분명한
5 혼돈, 혼란
7 중심인

2 이동하다, 변화, 교대 근무
4 섬유, 섬유질
6 항공기
8 장애, 불리한 조건, 불리한 입장에 두다

ⓑ 1 stop　　2 eager　　3 move

ⓒ 1 instinct
3 crawl
5 deposit
7 clash
9 voyage

2 extraordinary
4 harsh
6 cape
8 obstacle
10 Enthusiastic

ⓓ 1 Don't tell the secret under any circumstances.
2 Let's just quit talking and continue the work.

ⓐ 1 교류하다, 상호작용하다
3 재, 잿더미
5 화학
7 번창하다, 잘 자라다

2 독립
4 순환하다, 퍼지다
6 진화, 발전
8 동료

ⓑ 1 obvious　　2 positive　　3 co-worker

ⓒ 1 hip
3 inject
5 reside
7 capacity
9 tight

2 smash
4 rank
6 fee
8 optimistic
10 apparent

ⓓ 1 My dad likes sweet fruits. In contrast, my mom likes sour ones.
2 My symptoms coincide with what the doctor described.

ⓐ 1 냉장고
3 간격
5 발생시키다, 만들어내다
7 위원회

2 후자, 후자의
4 협력하다, 협동하다
6 결과, 성과
8 꼭 붙잡다, 매달리다, 달라붙다

ⓑ 1 result　　2 stick　　3 cabin

ⓒ 1 colony　　　　　2 assist

3 aggressive
5 resort
7 thrill
9 steep

4 cruel
6 crush
8 hut
10 identical

ⓓ 1 Aside from the suggestion, I have one thing to add.
2 I committed myself to my goal until my dream came true.

ⓐ 1 줄어들다
3 얻다, 획득하다
5 위원회, 수수료
7 가상의, 사실상의

2 갱신하다, 다시 시작하다
4 그렇지 않으면
6 경매, 경매하다
8 과장하다

ⓑ 1 obtain　　2 faithful　　3 capable

ⓒ 1 cruise
3 legend
5 infant
7 perceive
9 steady

2 irony
4 collapse
6 aspect
8 loyal
10 trace

ⓓ 1 Everybody has a different perspective on life.
2 The president is young but competent to lead the company.

ⓐ 1 수정, 결정체
3 일관된, 한결같은
5 진단하다, 밝혀내다
7 자동의

2 서로의, 상호간의, 공동의, 공통의
4 현상
6 단백질
8 과도한, 지나친

ⓑ 1 turn in　　2 look like　　3 consider

ⓒ 1 label
3 astonish
5 dictate
7 regard
9 Input

2 slight
4 capable
6 accuse
8 detach
10 resemble

ⓓ 1 The kids who are much loved are likely to know how to love.
2 Detach the address label from the box before you throw it away.

Review ──────────────── pp.26~29

A
1 assist 돕다, 보조하다
2 aggressive 공격적인
3 chemistry 화학
4 irony 모순, 반어법
5 evolution 진화, 발전
6 exaggerate 과장하다
7 deposit 보증금, 예금, 두다, 예금하다
8 fiber 섬유, 섬유질
9 latter 후자, 후자의
10 excessive 과도한, 지나친
11 chaos 혼돈, 혼란
12 interact 교류하다, 상호작용하다
13 commission 위원회, 수수료
14 protein 단백질
15 trace 추적하다, 흔적, 자취
16 extraordinary 일반적이지 않은, 이례적인, 매우 뛰어난

B
1 ○ 2 × 3 ○ 4 ○ 5 ○
6 × 7 × 8 ○ 9 ○ 10 ×

C
1 ① 2 ③ 3 ⑤ 4 ④ 5 ①
6 ⑤ 7 ④ 8 ① 9 ⑤ 10 ②
11 ⑤ 12 ③ 13 ③ 14 ④ 15 ①

D
1 smash   2 steady
3 colony   4 aircraft
5 slight   6 hut
7 voyage   8 dictate
9 infant   10 fee

E
1 cruel   2 loyal
3 optimistic   4 generate
5 capable   6 injected
7 accused   8 definite
9 renewed   10 independence

F
1 stop   2 fridge
3 obtained   4 obvious
5 co-workers   6 handed in
7 moved   8 capable
9 result   10 considered

G
1 × 2 ○ 3 × 4 × 5 ○
6 × 7 ○ 8 ○ 9 × 10 ×

Lesson 6 Check Up ──────── pp.32~33

A
1 명성, 평판   2 상업, 무역
3 품위, 존엄성   4 입장, 인정, 시인
5 영향, 충격, 영향을 주다   6 이국적인, 외국의
7 설치하다   8 철학

B
1 effect   2 keep   3 tendency

C
1 minor   2 bang
3 devise   4 retire
5 exceed   6 curve
7 occupy   8 retain
9 trend   10 disaster

D
1 Many people are obsessed with losing weight to look slim.
2 NASA concluded that the stone is from space.

Lesson 7 Check Up ──────── pp.36~37

A
1 농업   2 외교관
3 줄어들다, 떨어뜨리다   4 조각, 조각품
5 확대되다, 확대시키다   6 경쟁자, 경쟁하는
7 의논할 문제, 안건   8 고귀한, 귀족의

B
1 competitor   2 decrease   3 generally

C
1 bargain   2 district
3 overlook   4 confess
5 clarify   6 Congress
7 joint   8 dairy
9 trim   10 Overall

D
1 The fire in the building was preceded by a loud explosion.
2 Creativity distinguishes a genius from a normal person.

Lesson 8 Check Up ──────── pp.40~41

A
1 엄청난   2 위험에 빠뜨리다
3 절차, 순서   4 조상
5 확인해 주다   6 정도
7 간절히 원하는, 절망적인   8 처방을 내리다, 처방하다

B
1 forefather   2 stress   3 upset

C
1 overseas   2 chew
3 Contrary   4 significant

5 offend 6 alternative
7 sharp 8 dawn
9 junior 10 urgent

D 1 We must not dispose of nuclear waste in space.
2 Traditionally, Koreans have put an emphasis on education.

Lesson 9 Check Up ·········· pp.44~45

A 1 단어, 어휘 2 부러움, 부러워하다
3 진화하다, 발전하다 4 순진한
5 갑판, 층 6 속도를 높이다, 가속화하다
7 위험, 위험 요소 8 플랫폼, 연단

B 1 ban 2 danger 3 proof

C 1 evidence 2 enrich
3 basis 4 estimate
5 corrupt 6 vivid
7 route 8 ladder
9 prohibit 10 volcano

D 1 The house consists of two bedrooms and a bathroom.
2 People criticized the father for beating his kids.

Lesson 10 Check Up ·········· pp.48~49

A 1 단계, 모습 2 동기, 이유
3 넘어서는, 너머 4 중대한, 결정적인
5 직물, 천 6 유산
7 평가하다 8 애매한, 모호한, 희미한, 어렴풋한

B 1 erase 2 stage 3 unclear

C 1 declare 2 screw
3 possess 4 core
5 illustrate 6 prominent
7 lane 8 baggage
9 delete 10 overcome

D 1 A vegetarian diet was cited as an important factor for health.
2 I was happy to enroll in the medical college.

Review ·········· pp.50~53

A 1 sculpture 조각, 조각품
2 exotic 이국적인, 외국의
3 envy 부러움, 부러워하다
4 desperate 간절히 원하는, 절망적인
5 vivid 생생한, 선명한
6 motive 동기, 이유
7 significant 매우 중요한, 상당한
8 naive 순진한
9 commerce 상업, 무역
10 vague 애매한, 모호한, 희미한, 어렴풋한
11 baggage 수하물, 가방
12 install 설치하다
13 ancestor 조상
14 enrich 향상시키다, 부유하게 하다
15 confess 인정하다, 고백하다
16 procedure 절차, 순서

B 1 ○ 2 × 3 ○ 4 ○ 5 ×
6 ○ 7 ○ 8 × 9 × 10 ○

C 1 ④ 2 ④ 3 ④ 4 ② 5 ①
6 ⑤ 7 ③ 8 ③ 9 ② 10 ②
11 ⑤ 12 ② 13 ③ 14 ⑤ 15 ①

D 1 overseas 2 trim
3 curve 4 overcome
5 dairy 6 ladder
7 crucial 8 disaster
9 accelerate 10 sharp

E 1 rival 2 prescribed
3 urgent 4 exceed
5 evolved 6 volcano
7 evaluate 8 admission
9 expanded 10 declare

F 1 huge 2 erase
3 effect 4 way
5 keep 6 decreased
7 proof 8 tendencies
9 owns 10 upset

G 1 ○ 2 × 3 × 4 × 5 ○
6 × 7 ○ 8 × 9 × 10 ○

Ⓐ
1 길, 경로, 노선
2 고귀한, 귀족의
3 깜짝 놀라게 하다
4 얻다, 획득하다
5 돕다, 보조하다
6 결과, 성과
7 정반대의
8 용량, 수용력, 능력
9 평가하다
10 협력하다, 협동하다
11 장애, 불리한 입장에 두다
12 동료
13 ~을 할 수 있는, 유능한
14 경매, 경매하다
15 구별하다, 구별 짓다
16 확실한, 분명한
17 그렇지 않으면
18 관점, 시각
19 약간의, 사소한
20 순환하다, 퍼지다
21 강조, 중요성
22 유지하다, 간직하다
23 긴 여행
24 충실한, 충성스러운
25 일반적이지 않은, 이례적인, 매우 뛰어난

26 quit
27 conclude
28 ash
29 evidence
30 fiber
31 cruel
32 deposit
33 delete
34 ladder
35 urgent
36 submit
37 coincide
38 admission
39 independence
40 vivid
41 renew
42 declare
43 volcano
44 ancestor
45 reputation
46 latter
47 chew
48 overseas
49 crawl
50 agriculture

Ⓑ
1 dawn
2 harsh
3 commit
4 enormous
5 obsess
6 flourish
7 confess
8 crush
9 resort
10 affection
11 Protein
12 exaggerate
13 automatic
14 vocabulary
15 excessive
16 retire
17 Interact
18 steep
19 clarify
20 trace
21 fee
22 prominent
23 obstacle
24 baggage
25 deck

Ⓒ
1 resemble
2 optimistic
3 legend
4 cape
5 Irony
6 junior
7 smashed
8 enroll
9 label
10 thrill

11 estimated
12 instincts
13 envy
14 cruised
15 diagnosed
16 trimmed
17 extraordinary
18 significant
19 hut
20 occupied
21 phase
22 hips
23 collapse
24 devised
25 perceive

Ⓓ
1 ④ 2 ① 3 ② 4 ⑤ 5 ③
6 ④ 7 ③ 8 ② 9 ⑤ 10 ①

Lesson 11 Check Up .... pp.60~61

Ⓐ
1 회사, 확고한, 단단한
2 본질, 핵심
3 무죄의, 순진한
4 언어학의, 언어적인
5 잔디, 잔디밭
6 서식지
7 또래, 동료
8 일치하다, 해당하다, 서신을 주고받다

Ⓑ
1 annoy 2 main 3 company

Ⓒ
1 visible
2 beam
3 faint
4 prompt
5 desire
6 enhance
7 alert
8 prime
9 security
10 irritate

Ⓓ
1 We prayed that God would bless us with a rich harvest.
2 I spend a portion of my allowance donating to orphans.

Lesson 12 Check Up .... pp.64~65

Ⓐ
1 존재함, 참석
2 결점, 흠
3 잠깐 담그다
4 영구적인
5 거닐다, 돌아다니다
6 기업, 사업
7 심리학, 심리
8 의장, 회장

Ⓑ
1 wide 2 stare 3 crispy

Ⓒ
1 ambition
2 leap
3 sex
4 imply
5 credit
6 reform
7 crisp
8 gaze
9 maintenance
10 broad

Ⓓ
1 Everyone should have access to a good education.
2 I prayed that no one would get hurt during the trip.

Lesson 13 ▸ Check Up ·············· pp.68~69

A
1 통나무, 접속하다
2 전망, 예상
3 합리적인, 이성적인
4 평가하다, 가늠하다
5 달성하다, 성취하다
6 다수, 대다수
7 제안하다, 청혼하다
8 권하다, 조언, 상의

B
1 exact
2 advice
3 achieve

C
1 genuine
2 drag
3 decent
4 furious
5 incentive
6 breast
7 council
8 rob
9 refund
10 criminal

D
1 The teacher came from the U.K.; to be precise, from London.
2 The detective compelled the suspect to confess.

Lesson 14 ▸ Check Up ·············· pp.72~73

A
1 거부하다, 거절하다
2 서식하다, 거주하다
3 산들바람, 미풍
4 습기, 수분
5 짐, 부담
6 편견
7 수용하다
8 반대의, 거꾸로 된, 뒤집다, 반전시키다

B
1 disappear
2 opposite
3 destroy

C
1 horizon
2 dramatic
3 complement
4 loose
5 sympathy
6 defeat
7 discipline
8 vanish
9 shave
10 ruin

D
1 The library subscribes to English newspapers for students.
2 The suspect resolved to tell everything about the crime.

Lesson 15 ▸ Check Up ·············· pp.76~77

A
1 분별력이 있는, 현명한
2 계산하다, 추정하다
3 미덕, 덕목
4 후보자, 지원자
5 말의, 구두의
6 부, 목사 (직무)
7 시작하다
8 돌진하다, 때려부수다, 돌진, 단거리 경주

B
1 rush
2 depend
3 sense

C
1 nonsense
2 imaginary
3 elaborate
4 stock
5 revive
6 Competitive
7 initial
8 eyebrow
9 sensation
10 Gene

D
1 The kid adjusted the bike seat to the proper height.
2 Unlike animals, we rely on our parents until we grow up.

Review ▸ ·············· pp.78~81

A
1 refund 환불, 환불하다
2 maintenance 유지, 관리
3 alert 경계하는, 경보, 경보를 발하다
4 dramatic 극적인, 연극의
5 counsel 권하다, 조언, 상의
6 presence 존재함, 참석
7 reform 개혁하다, 개선하다, 개혁, 개선
8 calculate 계산하다, 추정하다
9 sympathy 동정, 지지, 동조
10 horizon 수평선, 지평선, 시야
11 enhance 강화하다, 향상시키다
12 rational 합리적인, 이성적인
13 council 의회, 이사회
14 loose 풀린, 헐거워진, 헐렁한
15 credit 신용, 학점
16 drag 끌고 가다, 질질 끌다

B
1 ○ 2 ○ 3 ○ 4 ○ 5 ×
6 ○ 7 × 8 × 9 ○ 10 ○

C
1 ⑤ 2 ② 3 ③ 4 ② 5 ⑤
6 ④ 7 ③ 8 ① 9 ① 10 ①
11 ⑤ 12 ③ 13 ④ 14 ② 15 ④

D
1 genuine
2 visible
3 competitive
4 criminal
5 security
6 shave
7 initiate
8 chairman
9 subscribe
10 wander

E
1 permanent
2 proposed
3 inhabit
4 innocent
5 burden
6 bless
7 imaginary
8 flaws
9 furious
10 rejected

F
1 wide
2 destroyed

3 achieve
4 depend
5 annoys
6 exact
7 rushed
8 part
9 disappeared
10 stares

G 1 ○ 2 × 3 × 4 ○ 5 ○
6 × 7 × 8 ○ 9 ○ 10 ×

누적 테스트 300 .... pp.82~85

A 1 퇴직하다, 물러나다
2 엄청난
3 저지르다, 전념하다
4 싸게 사는 물건, 흥정하다
5 확대되다, 확대시키다
6 주입하다, 주사하다
7 등록하다, 입학하다
8 점령하다, 차지하다
9 갑판, 층
10 인정하다, 고백하다
11 단어, 어휘
12 간격
13 본질, 핵심
14 새벽, 날이 새다, 동트다
15 중대한, 결정적인
16 제출하다
17 존재함, 참석
18 열광적인, 열성적인
19 평가하다, 가늠하다
20 속도를 높이다, 가속화하다
21 다듬다, 손질하다
22 기분을 상하게 하다
23 철학
24 수화물, 가방
25 배치하다
26 irritate
27 habitat
28 incentive
29 identical
30 subscribe
31 clarify
32 dignity
33 permanent
34 heritage
35 harsh
36 criticize
37 curve
38 envy
39 exaggerate
40 screw
41 prescribe
42 commerce
43 cite
44 junior
45 evolution
46 visible
47 overlook
48 ambition
49 excessive
50 hazard

B 1 likely
2 procedure
3 aggressive
4 legend
5 distinguish
6 Install
7 loose
8 fabric
9 dairy
10 motive
11 sculpture
12 disaster
13 desperate
14 lawn
15 ladder
16 enrich
17 flaw
18 eyebrow
19 exotic
20 district
21 colleague
22 evolve
23 rob
24 confirm
25 beyond

C 1 exceed
2 volcano
3 committee
4 core
5 chewing
6 admission
7 alternative
8 prime
9 clash
10 moisture
11 noble
12 calculate
13 mutual
14 overcome
15 rival
16 prominent
17 independence
18 rational
19 contrary
20 impact
21 basis
22 broad
23 steady
24 prohibit
25 diminishing

D 1 ④ 2 ② 3 ④ 4 ② 5 ⑤
6 ① 7 ③ 8 ⑤ 9 ① 10 ③

Lesson 16 Check Up .... pp.88~89

A 1 교외, 외곽
2 분배하다, 나누어주다
3 시간, 기간
4 통화, 화폐
5 위로, 위쪽으로
6 혁신, 혁신적인 것
7 자살
8 곤란한 상황에 맞서다, 마주하다

B 1 face 2 give off 3 divide

C 1 protest
2 outline
3 certificate
4 grasp
5 tackle
6 merit
7 face
8 emit
9 split
10 barn

D 1 Teenagers tend to conform to the rules of their
peer group.
2 The bored student in class glanced at the clock on
the wall.

Lesson 17 Check Up .... pp.92~93

A 1 사회학
2 비참한, 비극의
3 다양한, 여러 가지의
4 시간이나 노력을 바치다
5 십대의
6 착각, 환상
7 굶주리다, 갈망하다
8 연구소, 기관, 협회

B 1 belief 2 various 3 devote

C 1 chill
2 minimal
3 grip
4 sacred

5 engage   6 output
7 disrupt   8 absent
9 faith   10 spill

D 1 My friend Sam is superior to me in many ways.
  2 The teacher is conscious of the problem of violence at school.

Lesson 18 Check Up ·············· pp. 96~97

A 1 담배   2 요법, 치료법
  3 동반자, 친구   4 편집하다, 교정하다
  5 복잡한, 난해한   6 대략, 거의
  7 안정적인, 안정된   8 묘사하다, 서술하다

B 1 complex   2 crawl   3 huge

C 1 glory   2 Embassy
  3 pale   4 monitor
  5 tempt   6 tray
  7 summit   8 solid
  9 creep   10 vast

D 1 I anticipate getting the product I ordered by tomorrow.
  2 My dad forbade me from staying out until late even on weekends.

Lesson 19 Check Up ·············· pp. 100~101

A 1 큰 슬픔   2 요소, 원소
  3 임시의, 일시적인   4 방해하다, 간섭하다
  5 종합적인, 포괄적인   6 전기, 일대기
  7 목적지, 여행지   8 철저한, 완벽한

B 1 complete   2 sorrow   3 make fun of

C 1 fellow   2 multiple
  3 stimulate   4 civil
  5 reserve   6 beneath
  7 troop   8 passport
  9 casual   10 tease

D 1 The teams are classified in two groups: junior and senior.
  2 Michelle Obama is the woman I aspire to be like.

Lesson 20 Check Up ·············· pp. 104~105

A 1 기술   2 터널, 지하도
  3 희생, 제물, 희생하다   4 기업의
  5 최종적인, 근본적인   6 친밀한, 정통한
  7 엄청난   8 파괴, 파멸

B 1 consist of   2 bear   3 massive

C 1 peak   2 Register
  3 flame   4 leisure
  5 comprise   6 classic
  7 subtle   8 individual
  9 endure   10 shallow

D 1 We decided to exclude the museum visit from our trip.
  2 The student attributed his poor grades to bad luck.

Review ·············· pp. 106~109

A 1 teenage 십대의
  2 session 시간, 기간
  3 civil 시민의, 민간의, 국내의
  4 tease 놀리다, 괴롭히다
  5 protest 시위, 항의, 항의하다
  6 approximately 대략, 거의
  7 edit 편집하다, 교정하다
  8 sacrifice 희생, 제물, 희생하다
  9 flame 불꽃, 화염, 활활 타오르다
  10 minimal 최소의, 최저의
  11 illusion 착각, 환상
  12 subtle 미세한, 약한
  13 aspire 간절히 바라다
  14 suicide 자살
  15 summit 산꼭대기, 정상회담
  16 conscious 자각하는, 의식이 있는

B 1 ×   2 ○   3 ○   4 ○   5 ×
  6 ×   7 ○   8 ○   9 ○   10 ○

C 1 ②   2 ③   3 ①   4 ④   5 ②
  6 ④   7 ④   8 ⑤   9 ③   10 ⑤
  11 ②   12 ③   13 ①   14 ③   15 ①

D 1 absent   2 pale
  3 passport   4 grasp
  5 shallow   6 barn

7 embassy
8 tunnel
9 spill
10 multiple

E 1 tragic
2 depicts
3 individual
4 distribute
5 stable
6 stimulated
7 emit
8 destruction
9 diverse
10 interfere

F 1 devoted
2 bear
3 huge
4 sorrow
5 divided
6 complete
7 consists of
8 faced
9 complex
10 belief

G 1 ○ 2 × 3 × 4 ○ 5 ○
6 × 7 ○ 8 × 9 × 10 ○

누적 테스트 400 ⟩ ·················· pp. 110~113

A 1 결점, 흠
2 후보자, 지원자
3 교외, 외곽
4 초과하다, 넘어서다
5 동반자, 친구
6 바삭바삭한, 아삭아삭한
7 ~ 아래에, ~보다 못한
8 무죄의, 순진한
9 전반적으로, 전반적인
10 신용, 학점
11 짐, 부담
12 진화하다, 발전하다
13 언어학의, 언어적인
14 성스러운, 신성시되는
15 영향, 영향을 주다
16 깎다
17 긴급한, 다급한
18 시작하다
19 권하다, 조언, 상의
20 정확한, 딱 들어맞는, 바로 그
21 편견
22 눈썹
23 단계, 모습
24 미세한, 약한
25 합리적인, 이성적인
26 virtue
27 fabric
28 rob
29 classify
30 diplomat
31 remedy
32 portion
33 destruction
34 procedure
35 loose
36 emit
37 prime
38 leap
39 nonsense
40 security
41 prospect
42 pray
43 institute
44 genuine
45 corrupt
46 initial
47 discipline
48 firm
49 sympathy
50 philosophy

B 1 urgent
2 Dip
3 gene
4 criticize

5 dramatic
6 refund
7 minor
8 passport
9 wander
10 calculate
11 vague
12 subscribe
13 alert
14 rely
15 teenage
16 distinguish
17 majority
18 complicated
19 enhance
20 drag
21 sacrifice
22 bless
23 barn
24 inhabit
25 criminal

C 1 lane
2 permanent
3 accomplish
4 reputation
5 log
6 desire
7 currency
8 defeated
9 route
10 accommodates
11 revive
12 portions
13 proposed
14 glory
15 dairy
16 element
17 chairman
18 stock
19 imply
20 chill
21 overseas
22 rejected
23 visible
24 technologies
25 imaginary

D 1 ① 2 ③ 3 ④ 4 ② 5 ③
6 ④ 7 ⑤ 8 ② 9 ① 10 ⑤

Lesson 21 ⟩ Check Up ·············· pp. 116~117

A 1 처벌, 불이익, 벌칙
2 형사, 탐정, 수사관
3 이마
4 목표, 목적, 객관적인
5 위협, 협박
6 시각의
7 충분한, 충족한
8 제국의, 황제의

B 1 punishment 2 blow up 3 hide

C 1 conserve
2 escort
3 client
4 venture
5 scramble
6 nowhere
7 orient
8 ripe
9 conceal
10 explode

D 1 Millions of people get infected with flu every year.
2 The evidence is adequate to support your claim.

A
1 주다, 이루어주다 2 전용의, 독점적인
3 사나운, 맹렬한 4 해석하다, 통역하다
5 강렬한, 극심한 6 평론가, 비평가
7 정당화하다, 해명하다 8 법률의, 합법적인

B 1 give 2 battle 3 previous

C
1 tense 2 fade
3 proceed 4 secure
5 administer 6 province
7 voluntary 8 combat
9 port 10 former

D
1 Only kids with an adult are permitted to enter the pool.
2 We are more dependent on hearing than seeing in the park.

A
1 인종의, 민족간의 2 믿을 만한, 신뢰할 수 있는
3 좌절시키다 4 이민자, 이주민
5 겹치다, 중복되게 하다 6 포식자, 약탈자
7 임신한 8 찾다, 구하다

B 1 reliable 2 argue 3 wet

C
1 loan 2 gamble
3 compromise 4 trigger
5 Proverb 6 mechanism
7 tender 8 wheat
9 damp 10 landscape

D
1 Teachers and parents should cooperate to cope with bullying.
2 The lawyer asserted that his client was not guilty.

A
1 분류, 범주 2 지원자, 응모자
3 통일하다, 통합하다 4 문맥, 맥락, 전후 사정
5 저작권, 판권 6 통찰력, 식견
7 편견, 선입견 8 현대의, 동시대의

B 1 evidence 2 bias 3 remember

C
1 grand 2 divorce
3 marine 4 mediate

5 single 6 shelter
7 witness 8 launch
9 recall 10 proof

D
1 The teacher assured us of his support for the club event.
2 Hiromi wants to immigrate from her country to Canada.

A
1 이루다, 도달하다, 얻다 2 물질, 실체
3 주의, 경고, 주의를 주다 4 찰나의, 순간적인
5 숭배, 숭배하다 6 오두막집, 작은 별장
7 모순되다, 부정하다 8 계약, 계약을 맺다, 단축시키다

B 1 package 2 thick 3 accomplish

C
1 pump 2 inspect
3 spark 4 vacuum
5 overnight 6 flip
7 liberal 8 guilty
9 dense 10 bundle

D
1 A rainbow indicates that the rain is over.
2 My native English teacher is also qualified to teach music.

A
1 voluntary 자발적인, 지원의, 자원봉사의
2 proceed 계속 진행하다, 계속 가다
3 liberal 진보적인, 자유로운, 교양의
4 penalty 처벌, 불이익, 벌칙
5 assert 주장하다, 단언하다
6 venture 모험, 사업, 모험하듯 (말)하다
7 detective 형사, 탐정, 수사관
8 pump 펌프, 양수기, 펌프질하다
9 vacuum 진공, 공백, 진공청소기로 청소하다
10 grand 웅장한, 찬란한, 성대한
11 fierce 사나운, 맹렬한
12 mechanism 기계장치, 짜임새, 방법
13 mediate 중재하다, 조정하다, 성사시키다
14 imperial 제국의, 황제의
15 tender 다정한, 연약한, 연한
16 inspect 조사하다, 점검하다

B 1 ○ 2 ✕ 3 ○ 4 ○ 5 ○
6 ○ 7 ○ 8 ✕ 9 ✕ 10 ○

C 1 ③　2 ⑤　3 ②　4 ④　5 ⑤
6 ②　7 ④　8 ②　9 ④　10 ①
11 ③　12 ①　13 ③　14 ⑤　15 ①

D 1 port
3 single
5 client
7 legal
9 escort

2 trigger
4 contract
6 guilty
8 frustrate
10 witness

E 1 immigrant
3 interpreted
5 caution
7 attained
9 conserve

2 secure
4 applicants
6 threats
8 pregnant
10 unify

F 1 previous
3 reliable
5 blow up
7 given
9 thick

2 remember
4 bias
6 accomplish
8 wet
10 hid

G 1 O　2 O　3 ✕　4 O　5 ✕
6 O　7 ✕　8 O　9 ✕　10 ✕

누적 테스트 **500** .... pp. 138~141

A 1 위로, 위쪽으로
2 철저한, 완벽한
3 다수, 대다수
4 통일하다, 통합하다
5 사회학
6 막대한
7 수용하다
8 최종적인, 근본적인
9 군대, 떼, 무리
10 십대의
11 보존하다, 절약하다
12 또래, 동료
13 다정한, 연약한, 연한
14 혁신, 혁신적인 것
15 기업의
16 계산하다, 추정하다
17 찰나의, 순간적인
18 편집하다, 교정하다
19 임시의, 일시적인
20 종합적인, 포괄적인
21 해석하다, 통역하다
22 기술

26 refund
27 marine
28 glory
29 worship
30 barn
31 threat
32 civil
33 enhance
34 embassy
35 tease
36 sensation
37 leisure
38 grip
39 exclusive
40 superior
41 horizon
42 sacrifice
43 maintenance
44 predator
45 wander
46 conscious
47 suicide

23 굶주리다, 갈망하다
24 대략, 거의
25 시간, 기간

48 intimate
49 currency
50 summit

B 1 overcame
3 illusion
5 classify
7 faint
9 faith
11 candidate
13 copyright
15 flame
17 frustrate
19 fellow
21 breeze
23 individual
25 creep

2 destination
4 certificate
6 solid
8 breast
10 forehead
12 tempt
14 precise
16 tragic
18 suburb
20 guilty
22 permit
24 shallow

C 1 output
3 adjusted
5 classic
7 shallow
9 pump
11 casual
13 monitors
15 merits
17 corresponds
19 engaged
21 resolved
23 ultimate
25 shelter

2 grief
4 tray
6 outline
8 prayed
10 grasped
12 compelled
14 wheat
16 stimulated
18 clients
20 former
22 forbid
24 dedicated

D 1 ③　2 ②　3 ⑤　4 ①　5 ④
6 ③　7 ②　8 ①　9 ④　10 ⑤

Lesson **26** Check Up .... pp. 144~145

A 1 두드러진, 뛰어난
3 발언, 언급하다
5 중간의, 중급의
7 살인, 살해, 살해하다

2 논란, 논쟁
4 일, 문제, 관심사
6 협상하다, 협의하다
8 효력이 있는, 타당한

B 1 carry　　2 stop　　3 kill

C 1 counter
3 gun
5 guarantee
7 abuse
9 convey

2 disorder
4 disclose
6 mature
8 cease
10 theme

D 1 We hope for a triumph over the former winner of the debate.
2 John participated in the debate on behalf of my class.

Lesson 27 Check Up ·············· pp. 148~149

A 1 부문, 분야   2 조사하다, 수사하다
3 둔한, 흐릿한, 따분한   4 국한시키다, 가두다
5 사치, 사치품   6 임금, 급료
7 격한 감정이 휩싸다, 압도하다   8 장기, 오르간

B 1 boring   2 replace   3 field

C 1 flock   2 withdraw
3 nail   4 neutral
5 fulfill   6 bond
7 stain   8 substitute
9 Domestic   10 thread

D 1 The company is a pioneer in the mobile industry.
2 I'll choose the presenters at random from the list.

Lesson 28 Check Up ·············· pp. 152~153

A 1 악몽, 악몽 같은 일   2 끝까지 해내다, 지속하다
3 고립시키다, 격리하다   4 방송하다, 방송
5 이전의, 앞의   6 추상적인
7 원시의, 미개한   8 수많은, 다수의

B 1 continue   2 besides   3 throw away

C 1 tone   2 intent
3 reception   4 formal
5 derive   6 boundary
7 utter   8 Furthermore
9 dump   10 poll

D 1 The celebrity was insulted, but she didn't dwell on it
2 Some people were convicted of a crime that they didn't commit.

Lesson 29 Check Up ·············· pp. 156~157

A 1 관목, 덤불   2 우아한, 품위 있는
3 재산, 자산   4 지리, 지형, 지리학
5 민주주의의, 민주적인   6 복지, 번영

7 수정하다, 조정하다   8 일부분, 분수

B 1 a little   2 surround   3 graceful

C 1 restore   2 punch
3 format   4 narrate
5 dismiss   6 spring
7 swept   8 enclose
9 somewhat   10 leak

D 1 How many hours prior to the departure time do we need to be at the airport?
2 Some doctors claim most diseases stem from stress.

Lesson 30 Check Up ·············· pp. 160~161

A 1 광물, 무기질, 미네랄   2 제조하다, 제조, 생산
3 내려가다, 내려오다   4 변속 기어, 장비
5 제거하다, 폐지하다, 탈락시키다   6 지질학
7 배우자   8 비판

B 1 production   2 remove   3 limit

C 1 stir   2 episode
3 Revise   4 betray
5 portrait   6 buzz
7 transition   8 restrict
9 summary   10 stiff

D 1 The celebrity will do anything to satisfy his greed for fame.
2 The principal ensured that he would let the students wear jeans.

Review ·································· pp. 162~165

A 1 wage 임금, 급료
2 reception 프런트, 수신, 환영(회), 축하연
3 sweep 쓸다, 날려버리다
4 mature 성숙한, 숙성된, 다 자라다
5 valid 효력이 있는, 타당한
6 transition 전환, 변천, 과도
7 tone 음색, 색조, 어조
8 narrate 말하다, 내레이션을 하다
9 buzz 윙 소리를 내다, 윙윙거림
10 pioneer 개척자, 선구자, 개척하다
11 intent 의도, 취지, 열중하는
12 dwell 살다, 거주하다

13 affair 일, 문제, 관심사
14 portrait 초상화, 묘사
15 format 구성 형식, 포맷, 포맷하다
16 luxury 사치, 사치품

B 1 × 2 ○ 3 ○ 4 ○ 5 ○
  6 ○ 7 × 8 ○ 9 ○ 10 ×

C 1 ③ 2 ③ 3 ② 4 ⑤ 5 ①
  6 ④ 7 ② 8 ④ 9 ③ 10 ⑤
  11 ① 12 ⑤ 13 ② 14 ① 15 ④

D 1 dump   2 theme
  3 boundary   4 disclose
  5 geology   6 neutral
  7 descend   8 thread
  9 revise   10 elegant

E 1 investigate   2 restore
  3 luxury   4 criticism
  5 negotiated   6 democratic
  7 previous   8 greed
  9 murdered   10 uttered

F 1 a little   2 besides
  3 surround   4 deliver
  5 production   6 field
  7 boring   8 remove
  9 survey   10 stopped

G 1 × 2 ○ 3 × 4 ○ 5 ×
  6 ○ 7 × 8 × 9 ○ 10 ○

누적 테스트 600 ························· pp. 166~169

A 1 고객, 의뢰인   26 racial
  2 두드러진, 뛰어난   27 leak
  3 시간이나 노력을 바치다 28 illusion
  4 주장하다, 단언하다   29 abstract
  5 얕은   30 imperial
  6 무작위의, 임의의   31 immigrate
  7 전투, 싸움, 싸우다   32 casual
  8 이혼, 이혼시키다   33 category
  9 자격증, 증서   34 port
  10 발사하다, 시작하다   35 contract
  11 임신한   36 province
  12 익은, 숙성한   37 distribute
  13 재산, 자산   38 dense
  14 열망하다, 갈망하다   39 thread
  15 현대의, 동시대의   40 individual

16 적절한, 충분한   41 single
17 초상화, 묘사   42 critic
18 관리하다, 집행하다   43 luxury
19 묶음, 꾸러미   44 solid
20 사나운, 맹렬한   45 controversy
21 모순되다, 부정하다   46 forehead
22 복잡한, 난해한   47 substance
23 수많은, 다수의   48 visual
24 유죄의, 죄책감이 드는   49 gamble
25 찾다, 구하다   50 overlap

B 1 leisure   2 justify
  3 ripe   4 insight
  5 nightmare   6 split
  7 compromise   8 cottage
  9 biography   10 secure
  11 context   12 superior
  13 Vacuum   14 triumph
  15 bond   16 nowhere
  17 bush   18 fade
  19 proverb   20 overnight
  21 companion   22 landscape
  23 betray   24 objective
  25 grand

C 1 flip   2 intimate
  3 criticism   4 infected
  5 theme   6 loans
  7 protests   8 wage
  9 legal   10 proof
  11 concealed   12 welfare
  13 grip   14 caution
  15 proceeded   16 prejudice
  17 temporary   18 indicated
  19 escorts   20 assured
  21 credible   22 immigrants
  23 pale   24 boundaries
  25 voluntary

D 1 ⑤ 2 ④ 3 ② 4 ④ 5 ①
  6 ③ 7 ② 8 ① 9 ⑤ 10 ③

INDEX

MEMO

중학 영단어 시리즈

VOCA
탄탄

4
완성

저자	어광수
초판 1쇄 발행	2017년 12월 1일
편집장	조미자
책임편집	최수경·류은정·김미경·정진희·권민정
표지디자인	디자인 섬
디자인	디자인 섬·임미영
마케팅	이원호
관리	차혜은·이성희·이나래
인쇄	삼화 인쇄
펴낸이	정규도
펴낸곳	Happy House

서울시 마포구 잔다리로 64-1 다락원 빌딩
전화 02-736-2031 (내선 250)
팩스 02-732-2037

Copyright ⓒ 2017, Happy House

ISBN 978-89-6653-546-0 53740
값 11,000원

구성 본책+미니 단어장
무료 다운로드 Answers, Daily Test, MP3 파일 ㅣ **www.ihappyhouse.co.kr**
문제출제 프로그램 voca.ihappyhouse.co.kr